傅庚生 编

傅光 续编

国学指要

生活·讀書·新知 三联书店

Copyright © 2019 by SDX Joint Publishing Company.
All Rights Reserved.
本作品版权由生活·读书·新知三联书店所有。
未经许可,不得翻印。

图书在版编目(CIP)数据

国学指要/傅庚生编;傅光续编. —北京:生活·读书·新知三联书店,2019.5
ISBN 978-7-108-06497-4

Ⅰ.①国… Ⅱ.①傅…②傅… Ⅲ.①国学—研究 Ⅳ.①Z126

中国版本图书馆 CIP 数据核字(2019)第 032878 号

封面题字	罗 杨
策划编辑	王秦伟
责任编辑	成 华
封面设计	私书坊_ 刘 俊 石晓云
责任印制	黄雪明
出版发行	生活·讀書·新知 三联书店
	(北京市东城区美术馆东街 22 号)
邮 编	100010
印 刷	江苏苏中印刷有限公司
版 次	2019 年 5 月第 1 版
	2019 年 5 月第 1 次印刷
开 本	787 毫米×1092 毫米 1/32 印张 11.75
字 数	196 千字
定 价	48.00 元

傅庚生（1910-1984）

字戌生，号肖岩，辽宁沈阳人。曾执教于东北大学、华西大学、北京大学、西北大学等南北大学。先生是二十世纪我国古典文学鉴赏的巨擘、著名的杜甫研究专家。著作有《中国文学欣赏举隅》《中国文学欣赏发凡》《中国文学批评通论》《文学赏鉴论丛》《杜甫诗论》《杜诗散绎》《杜诗析疑》《杜甫论集》等。

序

习近平总书记指出:"要讲清楚中华优秀传统文化的历史渊源、发展脉络、基本走向,讲清楚中华文化的独特创造、价值理念、鲜明特色,增强文化自信和价值观自信。"可谓居高临远、洞鉴古今。念我华夏文明,横亘世界五千年,悠悠长河,群星璀璨;诸子百家,竞相争鸣。迄乎汉武,"罢黜百家,独尊儒术",儒学蔚然,大家辈出;其他学派,仍能绵延传续,经世致用之说,幸未湮没;黄老之学、孔孟之道、申韩之术、孙吴之谋,砥砺为用,各施其能,而成儒法互行,王霸兼用之局面。历史文献渺如烟海,汗牛充栋,遂致博大精深之外,糟粕亦存。故知讲论中国文化,必应先正其本、复清其源，剖判精粗、辨裁良莠，萃取精华、继承传统，方能弘扬我中华文化，增强民族自信，完成伟大复兴基业。

傅光先生惠寄近著《国学指要》书稿，余因得先睹之快。先生秉其父志、惠祁荫泽，以其先君子傅庚生先生旧稿《国学问答》，补葺增益，条分缕析，目别汇分，成此新著；焚膏继晷，心无旁骛，可谓初写黄庭，应时应景。先生并请序于余，自忖虽识文断字，唯囿于自然单科，每鲜及国学之说，学识浅薄，诚惶诚恐，若崩厥角。虽几经命笔，颇觉纸窄笔拙，实难承命。国学继扬，兹事体大，关乎民族文化之振兴，尤以中央提出中华优秀传统文化工程战略思想，常思服于怀，寤寐于心，因勉乎其难，有感而发，不揣谫陋，略陈管见。

举凡一个民族，生命力之强弱、前进动力之大小，率皆取决于文化之优劣。伟大民族必有民族自豪感，而民族自豪感必源自民族伟大文化。我先贤既曾创造灿烂文明、高尚文化，奠百世之基，兴千秋之业，何其伟哉！今我发扬民族传统，萃取文化精华，定能重振伟大文化，实现民族复兴，无愧于当今，无愧于历史。

窃思近代以来，西人挟科技之智、商贸之利、制度之优,船坚炮利,驰骋四海,鞭笞五洋,遁天入地,未见有匹敌者。华夏国势虽兴盛数千年,犹且不堪欧风美雨、鼠啮蠹蚀,强邻远敌、觊觎瓜分,山河有破碎之忧,黎民受倒悬之苦,风雨飘摇,几近倾覆,陷半殖民地半封建之窘境,堪称"三千年未有之大变局",哀哉!

百余年来,无数志士仁人,以救亡图存为己任,奋起抗争,上下求索,万马齐喑,前途微茫。直待中国共产党成立,宣扬主义,发动民众,无数革命先贤抛头颅、洒热血,前仆后继,重建故国,复使我中华民族屹立于世界民族之林。继而不忘初心,一以贯之,带领亿万人民,臻成社会主义革命;又创改革开放之盛局,国家初现繁荣,人民安居乐业,一派百年未有之升平气象!共产党人为中华文化宝库谱写瑰丽篇章。壮哉!

感时抚事,颇叹时至今日,国势渐复昌隆,生活日益富裕,然则世风不尽如人意,低俗、庸俗、媚俗禁而不绝,丑恶、奸诈、污浊时有所见,道德、品行、精神亟待振奋,深以为憾!辨其所自,究其根本,在于传统学问久已凋敝于人心,国人似惶惶不知己身从何而来者,非屈指可数。国故不整,国学黯然,华夏文明之传统、精粹,几有抛诸脑后之虞。

文运同国运相牵,文脉同国脉相连。历史文化于国家发展进步,不唯不可相离,更须密迩相恃。感此,吾侪同仁因有"中华文脉"之编纂,《国学指要》即为"中华文脉"之先导。习总书记新近指出:"要把优秀传统文化的精神标识提炼出来、展示出来,把优秀传统文化中具有当代价值、世界意义的文化精髓提炼出来、展示出来。"一语破的,赫奕章灼。"中华文脉"即奉"提炼标识、展示精髓"为最高圭臬。

近来"国学"之风日盛,实国家民族之幸。蓬勃发展之下,亦伴隐忧,若干研习讲学,或流于虚形、徒具其表,或真伪杂厕、泥沙俱下,难得"要旨";更有甚者,竟沦落为个人沽名钓誉、谋取私利之手段与工具。悲夫!国学知识,体系庞大,虽倾尽一生,犹恐难以尽成。旧堤堰圮,汗漫迷津,不有舟楫,缘何可渡?此《国学指要》之所为作也。章太炎先生有云:"基本知识者,即学者必须具备之常识也;有此常识,自可循序渐进,以达于高明之域;否则误入歧途,将终身不可救药矣。"本书冠以"国学指要"之名,意在标识路径,以助初学,普及国学常识。艺文、经传、地理、人物、学说等，搜罗详备，靡所不具。编者心存中正公允，诸子百家，一视同仁，无谬赞、不贬损，臧否取舍，以待读者。有志于国学之后生，可视兹编为入门之阶，拾级而上，以窥堂奥，他日或有大成，则幸矣。

拙文勉强为序，贻笑大方，愧甚！

陈存根

2018.8.30

缘起

岁月有恒,春华秋实,人生亦如之。韶光易逝,纷而不理,吾人每叹苦心修学,所获者殊鲜,何也?子曰:"知之者不如好之者,好之者不如乐之者。"虽孜孜于学,事倍功半、浅尝辄止者,在无兴趣之养成,无兴趣,则不得其门而入。

国学常识,不外年次、地理、人物、著作及学说诸项。我国文化,历史悠久,内容繁复,至举一类而言,著述少则数百,多或数千卷,其浩如烟海自不待言;又一书有一书之精要,名宿之士,穷数十年之功,未必能窥其堂奥。吾人于本国文化,初无梗概之了解,泛阅群籍,则难收提纲挈领之成效。久之,不入其门,不免望洋兴叹，至兴味寡然，则两相若失。兹编为读者提供有关国学最低程度之认知，即国人对于本国固有文化必备之知识。既不以作高深之学问为务，则唯在简明，实事求是，贡读者入门之阶而已。

庄子有"独与天地精神往来而不敖倪于万物"之说，凡中国人，最应与往来精神者，恰是本国之固有文化。和光同尘，上德不德，都必自修身中来。学问之事无他，修身而已矣。我国文化源出五经，五经皆修德之学，故我国一切学术，端在修身，否则一切学问，皆无价值。

人类思想之演进，恒以日新又新，向之以为新奇者，旋而化为陈腐。汉唐以降，吾国学术，递相祖述，因循守旧，至以"注不违经，疏不破注"之论，久已胶执人心。学术思想陈陈相因，日形落后，了无生机。治学者，虽皓首穷经，耗费终生，仍琐屑如饾饤，思智如氓民。宋明理学试图别开面目，以时羁事绊，不免失之偏颇。"道丧千载，圣远言湮，不有先觉，孰开我前。"（朱子《濂溪先生画像赞》）中国学术思想，倘不能幡然悔计，推陈出新，开一片新天地，则如腐木枯草，积重难返，生机颓然，百无一用。

爱之深故责之切，修其辞以立其诚，习文修身，必以感情为其根柢，己动然后动人；不以感情事之，则终不得其门而入。人生于世，仁者爱人，爱己、爱人、爱吾家、爱吾国，必自心仪吾固有文化中来，亦必从驯制自我之人格始。国学衰落以渐，往往予人以枯燥、陈腐、落伍之印象，明鉴蒙尘，岂其然哉！我国先民，既曾创造灿烂文化，往时文明已结硕大之果，昔日文化恒以伟大、崇高、丰厚、优美示天下。而历代国学研究，以方法之落后、阐释之僵化，导致本国文化渐乏生动之表现。百余年来，开辨伪之风，启杜撰之习，及其末流，伪学肆虐，南郭横行，不廓清其阴霾，则吾国文化往昔之辉煌实无由再现。

1934年，先父执教北平弘达学院之顷，曾撰《国学常识问答讲义》稿，兹据其稿，拾遗补阙，略事捃摭，纂成此编。篇幅虽倍蓰于前，而独抒心得者愧少。指要者，有二义：指示其精要，此其一也。指，同旨，指要者，旨趣之要也，此其二矣。时光荏苒，淹忽八十余载，即以知我两代人之心志相随，唯耿情我中华文明之至诚无改，抚卷而思，慨当以慷云。戊戌仲春涵彰甫傅光识于长安如是楼。

凡例

一　是书拟予读者中国文化之总印象；

二　是书旨在予人中国文化之最初修养；

三　是书内容为一般国人于国学最低限度之常识；

四　是书于中国文化之总体阐述，不傍前人，自出机杼；

五　是书第以问答之形式，用以引起一般读者之兴趣；

六　是书于所述问题，亦间下断语、评说，予读者以启示；

七　是书行文采用浅易文言，俾读者渐进养成阅读古书之能力；

八　是书务求简明，不失烦琐，以适应现代人生活节奏之快捷；

九　是书唯以简明，则于学术界有争议之论题，择其成说以为据；

十　是书既以举其荦荦之大者，难免漏万，期在明达，匡正指谬焉。

目次

绪论 ○ 中华文化与修身

一	* 人缘何而为学？	3
二	* 国民之文化以何为根柢？	5
三	* 何以为人？	6
四	* 道与德之关系若何？	6
五	* 何以为德？	6
六	* 因何谓百善孝为先？	8
七	* 试申论师道尊严	9
八	* 试述修身与治国	10
九	* 何谓儒学四归？	12
一〇	* 辨雅俗	13
一一	* 辨善恶	14
一二	* 辨公私	14
一三	* 辨贵贱	15
一四	* 人何以不可缺艺文之修养？	16

甲编 · 中华文化之渊源（上古）

一五	*何谓国学？	19
一六	试述字形之起源	21
一七	造字始于何人？	21
一八	文字最初之意义如何？	23
一九	文字学何以又称小学？	23
二〇	何谓甲骨文？	25
二一	何谓"金石之学"？	25
二二	*试举出历代金石著作数种	27
二三	*何谓训诂学？	27
二四	*试述古书读校法	28

乙编 · 中华文化之奠基（西周）

二五	*国学之奠基	33
二六	*何谓五行？	33
二七	*何谓六艺？	34
二八	何谓六书	36
二九	何谓石鼓文？	37
三〇	*《周易》主旨	37
三一	*《易》有几种？	40
三二	何谓《十翼》？作者何人？	40

三三	*《尚书》主旨	42
三四	试述《尚书》命名之由来	42
三五	《尚书》有今古文之别，何谓今文？何谓古文？	43
三六	*何谓《洪范》？	43
三七	*书教之意义如何？	43
三八	*《诗经》主旨	44
三九	*试述《诗经》之内容	44
四〇	*《诗经》产自何地？	45
四一	*何谓三家诗？	46
四二	何谓毛诗？毛诗传授如何？	46
四三	《诗经》是否为孔子所删？	47
四四	何谓赋、比、兴，风、雅、颂？	47
四五	何谓四始？	49
四六	大小"雅"之分以何说为宜？	49
四七	《周南》《召南》何以列为《国风》之始？	50
四八	毛诗《诗序》作者何人？	50
四九	*《礼经》主旨	51

五〇	*《周礼》有何异名？作者何人？	51
五一	*《周礼》六官何名？其各掌何职？	53
五二	《周礼》中有言及音乐原理者，试举出其篇名	53
五三	《考工记》为何人所作？	54
五四	《仪礼》有何异名？作者何人？	54
五五	何谓《大戴礼记》？何谓《小戴礼记》？	54
五六	大小戴《礼记》内容之分析	55
五七	*《乐经》主旨	56
五八	《逸周书》之概略	58
五九	《穆天子传》之概略	58
六〇	*何人制礼作乐？	58
六一	*西周礼乐之制何如？	59
六二	*礼乐于社会之作用几何？	59
六三	*试略述三代之音乐	60
六四	*试述礼与乐之关系	61
六五	*试述诗与乐之关系	62

六六 * 五经为中华文化之核心 63

六七 * 周公于历史文化之伟大贡献 65

丙编 · 中华文化之演进（春秋战国）

六八 * 孔子治六经 71

六九 * 试述孔子之伟大贡献 71

七〇 何谓六经、五经、九经、十三经？ 74

七一 * 《春秋》为谁所编？何以名"春秋"？ 74

七二 除孔子作《春秋》外，其他尚有以春秋名书者否？ 75

七三 何谓《春秋》内外传？ 75

七四 * 三传同为解释《春秋》而作，有何不同之点？ 75

七五 * 《国语》《战国策》为何人所作？ 76

七六 试述《论语》之编辑者及其年代 76

七七 何谓三种《论语》？ 77

七八	*《孝经》为何书？作者何人？	77
七九	《孔子家语》是否孔子所作？	78
八〇	何谓孔门四科？	78
八一	*孔门四配、十哲为何许人？	78
八二	《竹书纪年》为何人所作？	80
八三	*何谓五伦？	80
八四	*何谓六行？	81
八五	*何谓三纲五常？	81
八六	何谓《尔雅》？	82
八七	何谓五雅？	82
八八	*试述孟子之主张	83
八九	《孟子》为何人所作？	84
九〇	试言《孟子》一书内容要点	84
九一	何谓《四书》？	86
九二	*《中庸》作者何人？	86
九三	*《大学》所言何事？	87
九四	*何谓道统？	87
九五	何谓六家、九流？	89
九六	*九流之领袖为何人？	89

九七	何谓儒家？	89
九八	何谓道家？	90
九九	何谓阴阳家？	90
一〇〇	何谓法家？	91
一〇一	何谓名家？	91
一〇二	何谓墨家？	91
一〇三	何谓纵横家？	92
一〇四	何谓杂家？	92
一〇五	何谓农家？	93
一〇六	何谓小说家？	93
一〇七	*试述诸子学说产生之基础	93
一〇八	主诸子出于救世之弊者何人？	94
一〇九	儒家有八，其名为何？	95
一一〇	荀孟同出于儒家，其根本不同之点安在？	95
一一一	*晏子何以列入儒家？	96
一一二	老子究竟有无其人，其书是否本人所作？	96
一一三	《庄子》一书，何篇为真，何篇为伪？试言之	99

一一四	*略述老子与庄子之异同	101
一一五	杨朱有无著作，其主张如何？	101
一一六	法家共分几派？	102
一一七	商鞅有何著作？	103
一一八	试述《韩非子》重要之篇名及其文章之价值	103
一一九	墨子之重要学说有几？	104
一二〇	何谓墨子之三表法？	104
一二一	墨学有何派别否？	104
一二二	《墨子》注释有何善本？	106
一二三	*儒、道、墨三家不同点，试举其要	106
一二四	《山海经》为何人所作？	106
一二五	中国最古之诗歌总集为何书？	107
一二六	何谓《楚辞》？	107
一二七	*试述《诗经》与《楚辞》之别	109
一二八	《九歌》是否屈原所作？	109

一二九　何谓《离骚经》？　110
一三〇　《楚辞》中真正屈原作品皆为何篇？　110
一三一　宋玉有何作品？　111

丁编 · 中华文化之繁盛（秦汉）

一三二　*中华文化之统一　115
一三三　*焚书坑儒　117
一三四　*独尊儒术　117
一三五　何谓《七略》？　119
一三六　何谓四部？　119
一三七　试述《隋书·经籍志》之群书分类法　120

经学

一三八　*何谓经？　121
一三九　*何谓纬书？　121
一四〇　*试述汉儒如何传经　122
一四一　*经学有何派别否？　122
一四二　何谓汉学？　123

一四三	*试述经今古文学派有何不同	123
一四四	试述秦书之八体	124
一四五	何谓"章草"?	125
一四六	何谓"新莽六体"?	125
一四七	何谓"八分书"?	126
一四八	《说文解字》之作者为谁?	126

史学

一四九	*何谓史?	127
一五〇	*史体大别有几种?	127
一五一	*正史皆为何书?	128
一五二	《史记》之作者及内容	130
一五三	《汉书》之作者及内容	132
一五四	《后汉书》之作者及内容	133

子学

一五五	*何谓子书?	133
一五六	《淮南子》为何人所作?其书如何?	133
一五七	扬雄所著《法言》共若干卷,各卷篇名为何?	135

一五八　《论衡》一书，何人所著？
　　　　其著书之旨趣可得言欤？　135
一五九　两汉三国时代之子书，
　　　　能列举数种否？　136
一六〇　何谓别集？　136
一六一　何谓总集？　138
一六二　虞初为何种人？　138
一六三　汉代小说除《虞初周说》
　　　　外，尚有何书？　138

文学

一六四　＊试略述文学之定义　139
一六五　＊文学之要素为何？　140
一六六　＊何谓赋？　140
一六七　＊秦代唯一之文学家为谁？
　　　　　141
一六八　赋有几种？　141
一六九　汉初辞赋两大家何名？　143
一七〇　西汉辞赋家最杰出者
　　　　为谁？　143
一七一　扬雄为文皆模仿何书？　143
一七二　东汉辞赋家最著者为谁？　144

一七三	古代文人而兼天文家者为谁？	144
一七四	蔡邕中郎长于何种文字？	144
一七五	"乐府"之名起于何代？	145
一七六	乐府之流派如何？	145
一七七	五言古诗起于何人？	145
一七八	七言诗始于何时？	146
一七九	汉代乐府最著名者皆为何篇？	146
一八〇	《古诗十九首》作者何人？	147
一八一	*汉代叙事诗最长者为何篇？	148
一八二	何谓长短句？	148
一八三	何谓歌、行、引、曲、吟？	149
一八四	小说之名，于中国旧籍中，最早见于何书？	149

戊编 ○ 中华文化之融合
（魏晋南北朝）

经学

一八五　＊何谓四声？为何人所创？　153

一八六　＊试述古四声与今四声之差异　154

一八七　何谓反切？　155

一八八　魏晋六朝有何音韵之著作否？　156

史学

一八九　《三国志》之概略　156

一九○　《晋书》之概略　158

一九一　《宋书》之概略　158

一九二　《南齐书》之概略　159

一九三　《梁书》《陈书》之概略　159

一九四　《魏书》之概略　159

一九五　《北齐书》之概略　161

一九六　《周书》之概略　161

一九七　《水经注》及《洛阳伽蓝记》作者何人？　162

子学

一九八　＊《颜氏家训》为何人所作？　162

一九九　＊试述佛教之传入　163
二〇〇　＊佛教典籍可举出数部否？　163
二〇一　试举两晋南北朝之神怪小说　165
二〇二　《世说新语》为何人所作？　165
二〇三　＊何谓书法？　166

文学

二〇四　＊"文""笔"如何分别？　166
二〇五　"文章原出五经"为何人之语？　169
二〇六　何谓骈文？　169
二〇七　五言诗第一个伟大作家为谁？　170
二〇八　何谓正始体？　170
二〇九　＊建安七子何名？　172
二一〇　＊竹林七贤何名？　172
二一一　西晋之三张二陆两潘一左皆为何人？　172

二一二	以悼亡诗著名者何人？	173
二一三	以游仙诗驰名者为谁？	173
二一四	*何谓诗与歌？何人为吟咏之祖？	173
二一五	*陶渊明之杰作皆为何篇？其作品之风格若何？	174
二一六	作诗开山水一派者为谁？	174
二一七	何谓"子夜歌"？	176
二一八	鲍照有何杰作？	176
二一九	何谓竟陵八友？	176
二二〇	何谓永明体？	176
二二一	回文诗作者何人，因何而作？	177
二二二	何谓诗之八病？	179
二二三	《文选》为何人所撰？	180
二二四	《玉台新咏》为何书？	180
二二五	*《文心雕龙》为文家评论之宗，为何时何人所撰？	181
二二六	*中国诗歌最早之批评书籍为何书？	181

己编 · 中华文化之鼎盛（隋唐）

经学

二二七	试言《十三经注疏》	185
二二八	*三十六字母为何时何人所创？	187
二二九	*何谓四呼？	188
二三〇	何谓等韵？	189
二三一	何谓"双声""叠韵"？	189
二三二	*《切韵》为何人所撰？	189
二三三	《唐韵》为谁所编？	190

史学

二三四	《隋书》之概略	190
二三五	《南史》《北史》之概略	190
二三六	《新唐书》《旧唐书》之概略	191
二三七	*何谓九通？	191
二三八	*《史通》为何人所著？	192

子学

二三九	*试述儒释道三教之合流	193
二四〇	*试述佛学之宗派	195
二四一	*何谓书院？试举其著者	195

文学

二四二	*试述中国诗之分类	196
二四三	*试述近体诗之技艺	197
二四四	律诗滥觞于何时，至何人始完全成立？	199
二四五	何谓绝句？	199
二四六	何谓四唐诗？	200
二四七	*初唐四杰为谁？	200
二四八	何谓燕许大手笔？	200
二四九	沈宋皆为何人？	201
二五〇	何谓文章四友？	201
二五一	唐代自然派诗人著名者可得言欤？	201
二五二	唐代诗人中喜描写边塞者为谁？	202
二五三	李白杜甫之简单比较	202
二五四	*试述杜甫何以为诗圣	205
二五五	白居易最著名之作品为何篇？	208
二五六	唐代诗中有所谓"元白体"者，元白为何？	208

二五七	晚唐诗人著名者为谁？	208
二五八	何谓"香奁体"？	210
二五九	何谓唐文三变？	210
二六〇	试述唐宋八大家之姓名	211
二六一	*韩愈文起八代之衰，其主张如何？	211
二六二	柳宗元长于何种文体？	213
二六三	唐代古文于韩柳同派者尚有何人？	213
二六四	何谓"三十六体"？	214
二六五	《菩萨蛮》《忆秦娥》是否李白作品？	214
二六六	温庭筠在词史上之地位如何？	214
二六七	唐代小说之名作皆为何篇？	215
二六八	试述敦煌古籍之发现	216
二六九	何谓"变文"？	216
二七〇	*何谓"大面""小面"？	218
二七一	*试述文学之伟大	218
二七二	*试述中国艺术之旨趣	220

二七三 ＊试述罢黜周公与国家丕变 222

庚编 ○ 中华文化之渐衰（宋元）

经学

二七四	＊何谓宋学？	225
二七五	＊试述理学源流	225
二七六	宋代理学可分几派？各派代表人物为谁？	226
二七七	＊试述朱子之学	226
二七八	＊陆象山学说如何？	228
二七九	＊试述朱陆之异同	228
二八〇	＊何谓"平水韵"？	228
二八一	＊《广韵》为何人所编？	230
二八二	《集韵》为何人所编？	230
二八三	《中原音韵》编者何人？	231
二八四	《太平御览》为何时何人所撰？	231
二八五	＊《文苑英华》为何时何人所撰？	231
二八六	＊试举历代著名之类书若干	232

史学

二八七	《新五代史》《旧五代史》之概略	232
二八八	《宋史》之概略	233
二八九	《辽史》《金史》之概略	234
二九〇	《元史》之概略	234
二九一	《新元史》之概略	234
二九二	《宋史新编》之概略	235
二九三	《元史新编》之概略	235
二九四	《资治通鉴》内容若何？	235
二九五	《续资治通鉴》以何人所作最为完备？	237

子学

二九六	何谓丛书？	237

文学

二九七	何谓"诗余"？	238
二九八	何谓小令、中调、长调？	238
二九九	词调之最短者为何调？最长者为何调？	238
三〇〇	词与曲之区别？	239
三〇一	何谓"鼓子词"？	241

三〇二	何谓"传奇"?	241
三〇三	何谓"杂剧"?	242
三〇四	《花间集》之辑者谁氏？试言其内容	242
三〇五	南唐二主为谁？皆擅长何种文学？	243
三〇六	冯延巳之词如何？	243
三〇七	何谓"西昆体"?	243
三〇八	何谓江西诗派？	245
三〇九	何谓苏门六君子？	245
三一〇	何谓"诚斋体"?	245
三一一	何谓"永嘉四灵"?	247
三一二	*《沧浪诗话》为何人所作？	247
三一三	宋词分几派？代表作者为谁？	247
三一四	易安居士系何人？	248
三一五	南宋词坛能继苏派者为谁？	248
三一六	白石道人为谁？其词如何？	248

三一七	宋代"话本"流传者尚有几种？	251
三一八	《太平广记》为何书？	251
三一九	何谓"平话"？	251
三二〇	何谓"弹词"？	252
三二一	*试述"曲"之类别	252
三二二	元曲四大家为谁？	253
三二三	《西厢记》有几种？	253
三二四	《元人百种曲》为何人所选？	254

（明代）

三二五	何谓《永乐大典》？	257

经学

三二六	何谓姚江学派？	259
三二七	*试述王阳明心学之旨归	259
三二八	明末五先生皆为何人？	261
三二九	*《洪武正韵》编者何人？	262

史学

三三〇	《明史》之概略	262

子学

三三一 《说郛》为何时何人所辑？ 263

三三二 撰《尚友录》者何人？ 263

文学

三三三 何谓八股文？ 264

三三四 何谓"台阁体"？ 265

三三五 试述明代前七子及后七子之姓名 265

三三六 何谓"公安体"及"竟陵体"？ 266

三三七 《汉魏六朝百三家集》为何人所辑？ 266

三三八 南曲盛行于何代？ 266

三三九 试述元明著名之传奇 267

三四〇 试述明代之著名章回小说 267

三四一 试述明代之短篇小说 269

壬编 · 中华文化之偏盛（清代）

三四二	《古今图书集成》之内容若何？	273
三四三	何谓《四库全书》？	274
三四四	*试述纂修《四库全书》之功与罪	276
三四五	*试述清代之文字狱及其影响	277
三四六	*清代朴学偏盛之缘由	277

经学

三四七	清代著名之汉学家为谁？	278
三四八	清代汉学家之精神何在？	278
三四九	"六经皆史"一语出于何典？	279
三五〇	《皇清经解》为何人所汇刊？	279
三五一	《古文尚书疏证》作者何人？	280
三五二	试述《古文辞类纂》之分类法	280
三五三	《书目答问》为何人所作？	280

三五四	何谓"注音字母"？创于何时？	281
三五五	试述《康熙字典》撰成之经过	281
三五六	＊历代文字增减数目表	282
三五七	《佩文韵府》为何时何人所撰？	282
三五八	《渊鉴类函》为何人所著？	283
三五九	＊《马氏文通》为何人所著？属于何类？	283
三六〇	＊试论义理、考据、词章	284
三六一	＊试述顾亭林在清代学术界之地位	285
三六二	试述康有为《新学伪经考》之要点及其影响	285
三六三	梁任公一生学术以何为最精？	287
三六四	章炳麟在学术史上之地位如何？	288

三六五　王国维在国学上之贡献如何？　289

史学

三六六　《清史稿》之概略　290

三六七　何谓五纪事本末？　290

三六八　*《三藩纪事本末》为何时何人所作？　291

三六九　*试述《绎史》之体裁及作者　291

三七〇　《东华录》为何书？　292

三七一　*《文史通义》为何书？　292

子学

三七二　清代著名之宋学家为谁？　292

三七三　清代颜李学派之根本精神如何？　294

三七四　戴东原为何时人？有何著作否？　294

三七五　《诸子平议》作者何人？　295

三七六　著《古今伪书考》者为谁？指子部之伪者皆为何书？　295

三七七 《四库全书提要》分小说若干类？ 296

文学

三七八 清初骈体文之著名者为谁？ 296

三七九 清初古文家皆为何人？ 296

三八〇 何谓"桐城派"？ 297

三八一 何谓"阳湖派"？ 297

三八二 何谓不立宗派古文家？ 298

三八三 *曾国藩之文章与何派相近？ 298

三八四 《古文辞类纂》为何人所选？ 298

三八五 *《经史百家杂钞》为何人所辑？ 298

三八六 《续古文辞类纂》共有几种？作者何人？ 299

三八七 清初诗人以何人为最有名？ 299

三八八 *清代诗论有何派别，其旨如何？ 300

三八九 王渔洋之神韵说如何？ 300

三九〇 何谓江左三大家？ 301

三九一	黄景仁有何著作？	301
三九二	郑珍为何时何地人？有何著作？	302
三九三	金和之诗如何？	302
三九四	黄遵宪之诗如何？	302
三九五	清人所选诗以何书为最佳？	303
三九六	曾国藩所辑《十八家诗钞》，作者皆为何人？	303
三九七	朱彝尊之词为何派？	304
三九八	《饮水词》为何人所作？	304
三九九	清代传奇作家，最负盛名者皆为何人？	304
四〇〇	何谓"昆曲"？	305
四〇一	何谓"二黄"？	305
四〇二	清代著名之章回小说家为谁？	305
四〇三	清代之短篇小说著名者皆为何书？	306
四〇四	金圣叹为何如人？	306

癸编 ○ 中华文化之复兴（一百年来）

四〇五 ＊吾国学术历代之所崇尚 311
四〇六 ＊试述历代经说之变迁如何 311
四〇七 ＊何谓一代有一代之文学？ 312
四〇八 ＊秦汉以来之能书者几何？ 313
四〇九 ＊历代名画家几何？ 314
四一〇 ＊试述中国学术与外国之影响 315
四一一 ＊何谓白话文运动？ 315
四一二 ＊白话文运动之历史缘由 316
四一三 ＊简述鲁迅对旧文化之态度 317
四一四 ＊试述国学之现代梳理 318
四一五 ＊优秀传统文化之阐释 319
四一六 ＊试述古代文化于今何以为用？ 320
四一七 ＊试例述汉语为世界最美之语言 322

四一八	＊如何继承传统、继往开来？	328
四一九	＊试述中华文化之自信	329
四二〇	＊试述历史之盛世与今日之复兴	330

跋 331

鸣谢 333

注：全稿四百二十题，未加星号者为傅庚生编，加星号者傅光续编。

中华文化与修身

绪论

一 ◦ ＊ 人缘何而为学？

人不可以不学，学不可以已矣。人因学而脱弃蒙昧，祛除无知，所谓知书者达于理。为学者，初以修能，进而修身，终之以修心。则人类之发展，社会之演进，端赖此也。为人、为己，人生一世，岂能不学也。程子曰："今人不会读书，如读《论语》，未读时是此等人，读了后又只是此等人，便是不会读。"（《论语·序说》）读如不读，只在未能切诸己身耳。故荀子曰："君子之学也，入乎耳，著乎心，布乎四体，形乎动静。"（《荀子·劝学篇》）是为学之道也。文化者，文而化之，屈原所谓"纷吾既有此内美兮，又重之以修能"（《离骚》），内炼情愫，外修仪表，"文质彬彬，然后君子"

伏羲

一作宓羲、庖羲，风姓 [宋]马麟绘 《故宫周刊》

伏羲像

庖牺氏之王天下也，仰则观象于天，俯则观法于地，观鸟兽之文与地之宜，近取诸身，远取诸物，于是始作八卦，以通神明之德，以类万物之情。——《易·系辞》

宓羲

继天立极 为百王先
法度肇建 道德始全
八卦成文 三坟不传
无言而化 至治自然

(《论语·雍也》)。文化者，不能达修身之目的，则不能有益于自身，更不能有益于社会。

二 ◎ * 国民之文化以何为根柢？

吾国以数千年文明雄踞世界，文化以博大精深傲视东方。一国之文化，洵经历史之锤炼，成为一国精神之源泉。一国之公民，应以本国固有文化为其根柢，以形成具民族意识之世界观，故于本国固有文化，必应有概貌之了解。于固有文化之脉络、固有文化之精神、固有文化之价值、固有文化之表现形式，皆应有必要之了解，方能承继本国文化而形成文化传统。不然，则历史无预现实，现实何干历史，则传统失矣。传统既失，则文脉不传。

"国于天地，必有与立。"所仰持者，乃民族精神；民族优秀文化即民族精神之所从出也。罗常培云："语言文字是一个民族文化的结晶，这个民族过去的文化靠着它来流传，未来的文化也仗着它来推进。凡属一国的国民对于他本国固有的语言文字必须有最低限度的修养，否则就不配作这一国的国民。"

三 ○ * 何以为人？

人生世间，便有责任，于己、于人，于家、于国，皆不能不负有责任。既有责任，则个人行为，便应有遵循之守则，此守则者，可以循为社会之秩序，可以养成个人之操守，则统曰道德。人而高级于其他动物者，在有道德。

四 ○ * 道与德之关系若何？

道者，今之所谓规律也。道有三道，天道、地道、人道也。简言之：天道者，自然之道也；地道者，社会之道也；人道者，人之常情也。外者曰道，内者曰德；故德者，合道之德耳。顺于正道而不悖行者，曰德。

五 ○ * 何以为德？

顺天时，得地宜，合人伦，斯为德矣。
《大学》云："古之欲明明德于天下者，先治其国。

炎帝

号神农氏,姜姓

《三才图会》

炎帝神农氏

欲治其国者，先齐其家。欲齐其家者，先修其身。欲修其身者，先正其心。欲正其心者，先诚其意。欲诚其意者，先致其知。致知在格物。物格而后知至，知至而后意诚，意诚而后心正，心正而后身修，身修而后家齐，家齐而后国治，国治而后天下平。"人之修身，必自诚始，诚然后能敬，敬然后能礼，礼然后有仁，仁然后无不义矣。义者，于君为忠，于国为勇，于亲为孝，于友为信。故欲有忠勇孝信，必能讲义；欲能讲义，必先归仁；欲能归仁，必先为礼；欲能为礼，必先有敬；欲能有敬，必先明诚；是知诚为德之本也。

六 ◦ ＊ 因何谓百善孝为先？

人生孰能无情，无情者必无义，以是知情为道德之根柢。而情有大众之同情，又有一己之私情，以是又知情为私欲之温床。情而不义，是为私情，私情与无情何异？人之私心最著者，不外乎父母之于子女，天经地义，不容置疑。而儒家倡导之孝者，谓能否事父母胜于爱子女者，此由大私而小私，是进一境也。能克己而为孝者，才能忘我而小私。故曰："家孝而外忠。"如是，则知百善孝为先者,孝为德之芽甲,亦即德之发端,而非德之至也。既有孝心之诚,然后可以言忠矣。忠则义矣,则又德矣。

七 ○ * 试申论师道尊严

师道尊严者,非唯师之尊严,实道之尊严也;道之尊严,即我之尊严也。

人之生于世也,无尊严不足以立,不立,则与禽兽何异?

韩文公谓:"师者,所以传道、授业、解惑者也。"(《师说》)授业、解惑,皆问学之道,而传道者,以身传之,立德立人者也。故教育者,授业、解惑为教,而传道斯为育也。

就人格之养成,其大凡,在父母导之以情,师长教之以义。师道无尊严,则义不授矣,义不授则德不立。

师道如何尊严?为学者,不欺人,不自欺,掬诚以为心;为师者,不傲,不嚣,以诚款相接。则授受之间,"精诚所至,金石为开",如是者,师道尊且严矣。

学问者，探求宇宙、人生一切真理之源。学问求真，必出之以诚，教与学皆在此，故《中庸》曰"诚者物之终始，不诚无物"。

世恒言吾人无信仰，天、地、君、亲、师，即吾人之信仰也。"天地者，万物之逆旅；光阴者，百代之过客。"君者，一国之领袖，国者，万民之家园，故君国之体大矣。养育之恩，得诸亲给；教育之德，得诸师授。敬天法祖，明义亲仁。天地君亲师，斯旨大矣；人生天地间，其为德也。

八 ◦ * 试述修身与治国

《大学》有"格物、致知、诚意、正心、修身、齐家、治国、平天下"之谓。"格物、致知、诚意"，然后为士族；以此上之，进而能"正心、修身、齐家"者，是为士君子；以此上之，其终有"治国、平天下"之志者，擢为士大夫。如是，国家由君主统帅，士大夫引领，士君子支撑，士族为基础，庶民百姓扈从之社会，即为君子社会。君子社会，亦即礼乐社会也。故可知修身为治国之基础，欲治其国，其必自修身始。

黄帝

号轩辕氏,本姓公孙,后改姬姓

《三才图会》

孟子曰:"天下之本在国,国之本在家,家之本在身。"(《孟子·离娄上》)

九 ◎ * 何谓儒学四归?

周公制礼,孔子称仁,孟子讲义,其各有所主,实一事耳。故礼、仁、义,互不矛盾,正密迩相连。儒学概念,杂然纷呈,遂启后世争讼。仁义礼智信,忠孝节勇和,廉耻性理法,温良恭俭让,平列各项,而不辨先后,不分层次,不明原委,不知始终,故使治丝益棼,令人无所适从也。

居恒以为,大道至简,无事纷纭,因以出儒学四归之说。儒学之旨,端在修德,儒学之归,自高其品。内修为德,外观其品,德者品之实,品者德之华。第其品也,则唯予之所谓四归者不办。儒学著述,汗牛充栋;儒学旨归,众说纷纭。余独以雅、善、公、贵为其指归,曰儒学四归也。四归者,云:

一曰由俗向雅之提高,雅者,正也,合于礼者为雅矣;

二曰由恶向善之提高,善者,和也,合于仁者为

善矣;

三曰由私向公之提高,公者,直也,合于义者为公矣;

四曰由贱向贵之提高,四归中以此最难,贵者,谦也,高而能下,尊而能卑,富而能俭,满而能虚,温良恭俭让,"谦谦君子""卑以自牧也"(《周易·谦》),是为贵矣。不然,趾高气扬,妄自尊大,为富不仁,骄傲自满,斯皆形贵而实贱矣。《孟子·滕文公下》:"富贵不能淫,贫贱不能移,威武不能屈,此之谓大丈夫。"三不能者,是皆贵也。

如是,人能雅善公贵,而祛俗恶私贱,则人人可得为君子,社会以是而和谐,亦孔子所谓天下归仁焉。

一〇 ◎ * 辨雅俗

雅者,驯也,正矣。举止言谈,合乎礼者,是为雅矣。雅者,端在去俗。去俗,收拾邪放之心也。"子所雅言,诗、书、执礼,皆雅言也。"昔人论词亦云:"词莫难于气息。气息有雅俗,有厚薄,全视其人平日所养,至下笔时,则殊不知也。"又云:"夫所谓雅者,非第词之雅驯而已。其作此诗之由,必脱弃势利,而后谓之雅也。"(清·陈洵《海绡说词》)俗者,浅、陋、粗、鄙也。

一一 ◎ * 辨善恶

善有善报,恶有恶报。因果报应,庸人常不以为然,谥之为迷信以自解。然而,善源自爱,恶生于恨。仁者爱人,不仁者恨人。爱人者,人乌能不爱;恨人者,人焉能不恨。是所以善恶必反诸其身者,岂有不验者乎!故君子社会必和乐,小人社会必互害,可不惧哉?

一二 ◎ * 辨公私

人不为己,天诛地灭,固矣。任何动物,皆为优胜劣汰、物竞天择之产物,故不能脱离私字。私乃人之常情,而私之必有限度。人为社会动物,则不能只知自我,不顾社会。一己者为私,社会者为公。必公私兼顾,克己之私以奉公,则社会愈加和谐、公平,个人并受其惠。私之无度，则反而无情；欺师灭祖，六亲不认，即私之无度也。

一三 ◎ * 辨贵贱

富，未必能贵，贫，未必即贱，人知之矣。而何以能贵，未必人人皆能知也。贵者，德之极也，然后可以为贵。何以为极？一曰雅，言行举止，无不合礼，是为雅也。语曰：温文尔雅。再曰善，先忧后乐，仁者爱人，是为善也。语曰：与人为善。三曰公，克己奉公，深明大义，是为公也。语曰：天下为公。

人而能兼雅（礼也）、善（仁也）、公（义也），则德之极矣。极则极矣，尚未为贵也。物之极也必反，德之极也亦必反诸。贵者，谦也，抑也。夫子温良恭俭让。温，和厚也。良，易直也。恭，庄敬也。俭，节制也。让，谦逊也。谦和（温也），谦厚（良也），谦恭（恭也），谦谨（俭也），谦让（让也）也。高而能下，尊而能卑，富而能俭，满而能虚，是贵矣；行善不欲人知，是贵矣；不以怨报怨，是亦贵矣。

一四 ◎ * 人何以不可缺艺文之修养？

感情为道德之基础，固矣。一切学术，皆以辅弼社会教化为其终极目的，故昔人有"文以载道"之说。不然，为学术而学术，则学术之价值无由体现。艺文以感情动人，启发同情，故艺文之修养，为人生修身之门径也。一切大艺术，皆具表现人格、批评人生之旨。做人与作文，其旨一也。故曰人不可缺艺文之修养也。诗者，志之所之，由诗而歌，由歌而乐，由乐而舞，而戏剧，而小说……吾国一切艺术之根柢皆由于诗也；故一切艺术之最高境界，皆曰有诗意。子曰：不学诗，无以言。实亦无由欣赏一切艺术也。

中华文化之渊源（上古）

甲编

一五 ◎ * 何谓国学？

一国有一国之文化，一代有一代之学术，国学者，特指我中华学术之总合，大体言之，即以四部所分，为经学、史学、子学、文学也。

国学之名，颇有争议。自西学东渐，国人即以中学为国学，与西学对称，国学者，中学也，所谓"中学为体，西学为用"。后人每兴一国之学能否遽称国学之质疑。谓英国无英学，美国无美学，则我国自亦不必有国学也。

虽然，吾国学问居世界之独特地位，自不待言。其语系自成一体，传承有绪，发达自给，世无其匹；其文化渊源有自，绵延至今从无间断者，世无其匹；其学术

尧帝

唐尧氏,又称陶唐氏,名放勋

《故宫周刊》

体系递相祖述、独树一格,世无其匹;其艺文之品类,博大而精深,世无其匹。其创始、渊源、发展、更新,皆吾先民自力更生而来。如是独特辉煌之文化,举世共尊者自不待言,号为国学,正以见其源正流清、体大虑周,吾人应共仰之、珍之者;不必外人所无,我必不能有。故本书仍以"国学"名之也。

一六 ◎ 试述字形之起源

(一)结绳 许慎《说文解字序》云:"神农氏结绳为治以统其事。"

(二)八卦 许氏《说文序》云:"古者庖牺氏之王天下也,仰则观象于天,俯则观法于地;观鸟兽之文与地之宜……于是始作八卦,以垂宪象。"

一七 ◎ 造字始于何人?

许氏《说文序》云:"黄帝史官仓颉,见鸟兽蹄迒之迹,知分理可相别异也,初造书契。"

帝舜

舜帝

有虞氏,姚姓,名重华,字都君,谥曰舜

《故宫周刊》

一八 ◎ 文字最初之意义如何？

（一）文　许氏《说文序》云："仓颉之初作书，盖依类象形，故谓之文。文者物象之本。"

（二）字　许氏《说文序》云："形声相益，即谓之字。字者，言孳乳而浸多也。"

一九 ◎ 文字学何以又称小学？

中国学术史中，从未见"文字学"之名。唯此一科研究之实际，则由来已久。周官保氏教国子以六艺，"书"之用处最广。许氏《说文序》云："周礼八岁入小学，保氏教国子先以六书。"刘歆作《七略》，遂列六书于六经之后，谓之小学。前清一代，经师戴震、段玉裁等兼顾"形""音""义"三事，系统之学以成。近年学者始以"文字学"名之（此为1934年撰稿之实际——今按）。

大禹

姒姓，名文命，建立夏朝

《故宫周刊》

禹

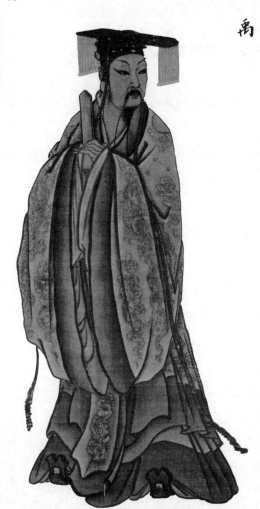

二〇 ◦ 何谓甲骨文？

清光绪二十五年（1899）己亥，河南安阳县西五里有小屯，龟甲、兽骨忽发现其中，上有刻辞。屯在洹水之南，为殷商武乙故都；《史记·项羽本纪》所谓"洹水南，殷虚"者是也。刻辞内，殷代帝王名号颇多，遂有人断为殷代遗物，称曰"殷虚书契"。契者，刻也；意即刻文于龟甲上也。或称"契文"，或号"殷契"。又因刻辞中皆贞卜之语（贞卜即问卜），故又名"殷商贞卜文字"。普通称"龟甲文""甲骨文"或"龟甲兽骨文字"。

二一 ◦ 何谓"金石之学"？

金谓钟鼎彝器之属，石谓碑碣墓志之属。古人每喜于日用物器，镌文勒字，以备不忘。而颂功纪事，亦喜铭诸金石。三代之前则金多而石少，三代之后相反。秦始皇封泰山、琅琊皆有刻石。东汉以降，碑碣之风尤盛。梁元帝集录碑刻，为《碑英》百二十卷，是为金石文字著录之始。顾其书不传。宋赵明诚等，始从事搜集，

甲骨图

商代涂朱牛骨刻辞

辑为目录（《金石录》等）。迄清代而大昌明，金石之学，称为专家。识文字之源流，订经史之讹阙，胥赖之矣。

二二 ◎ * 试举出历代金石著作数种

历代金石著作其尤著者有：

书　　名	作者	卷数
《集古录》	宋·欧阳修	一千卷
《考古图》	宋·吕大临	十卷
《考古图》（又称《古器图》）	宋·李公麟	一卷
《博古图》（又称《宣和博古图录》）	宋·王黼	三十卷
《金石录》	宋·赵明诚	三十卷
《历代钟鼎彝器款识》	宋·薛尚功	二十卷
《金石萃编》	清·王昶	百六十卷
《八琼室金石补正》	清·陆增祥	百三十卷
《金石萃编补》	清·陆心源	二百卷

二三 ◎ * 何谓训诂学？

注解字义，谓之训诂。训诂分本训与转训二种：考究字之古义者,为本训;证验字之今义者,为转训。《尔雅》有《释诂》《释训》两篇,故谓此类之学为训诂学。训诂之学于汉为盛,盖以秦火之余,断简残编,亟待整理,故训诂之学大盛于时。

二四 ○ * 试述古书读校法

自先秦载籍,至于晚近四库所收藏、私家所著录,皆得名为古书。其卷帙浩繁,门类庞杂,词义奥衍,篇简残脱,加以今古异文,笺注异说,入主出奴,是非淆然,故治古书必应遵循一定之法。试以简述之。

读书之方法:研治古书,应审谛者,约有六事:(一)别真伪;(二)识门径;(三)明训诂;(四)辨章句;(五)考故实;(六)通条理。

校书之方法:校雠之事,非仅比核文字之异同所能尽也。因以揭为八端:(一)辨次部类;(二)整齐杂语;(三)搜辑遗佚;(四)鉴别伪书;(五)辨订传说;(六)是正错牾;(七)比较异同;(八)创通义例。

此述其大凡,预设此一规矩,验之以实际,读者在实践中当能求其真知耳。

商汤

汤

又称成汤、太乙，子姓，名履，又名天乙，建立商朝

《故宫周刊》

中华文化之奠基（西周）

乙编

二五 ◎ * 国学之奠基

"有周一代之事,其关系于中国者至深,中国若无周人,恐今日尚居草昧。盖中国一切宗教、典礼、政治、文艺,皆周人所创也。中国之有周人,犹泰西之有希腊。"(夏曾佑《中国古代史》)吾国文化统系之建立,在周。西周于吾国文化上之地位,诚如夏说。

二六 ◎ * 何谓五行?

水、火、木、金、土,五者谓为五行,古时学说所称五种元素。《书经·洪范》已有五行之名,故其说发源极早。五行有相生相克之律:木生火,火生土,土生金，金生水，水生木；木克土，土克水，水克火，火克金，金克木。

二七 ◦ * 何谓六艺？

六艺指礼、乐、射、御、书、数，为周代学校之教科目。《周礼·保氏》："教之以六艺。"《文选·司马相如赋》："游于六艺之囿。"

礼有五礼：吉礼、凶礼、军礼、宾礼、嘉礼。

乐有六乐：云门、咸池、大韶、大夏、大濩、大武。

射有五射：白矢、参连、剡注、襄尺、井仪。

御有五御：鸣和鸾、逐水曲、过君表、舞交衢、逐禽左。

书有六书：象形、指事、会意、形声、转注、假借。

数有九数：方田、粟米、差分、少广、商功、均输、方程、赢不足、旁要。

六艺又指《礼》《乐》《诗》《书》《易》《春秋》六经。汉刘歆总群书而奏《七略》，有六艺略；《文选·公孙宏传赞》，亦讲论六艺。

周文王

(前1152—前1056),姓姬,名昌,岐周(今陕西岐山)人,周朝奠基者

《故宫周刊》

文王

二八 ◦ 何谓六书?

六书者,造字之本,古有其实,用定其名。保氏教国子,先以六书:

一曰指事:指事者,视而可识,察而见意,上、下是也。

二曰象形:象形者,画成其物,随体诘诎,日、月是也。

三曰形声:形声者,以事为名,取譬相成,江、河是也。

四曰会意:会意者,比类合谊,以见指㧑,武、信是也。

五曰转注:转注者,建类一首,同意相受,考、老是也。

六曰假借:假借者,本无其字,依声托事,令、长是也。

二九 ◎ 何谓石鼓文？

周宣王太史籀作颂纪功，鉴石为十鼓，镌文其上。今存北京旧国子监（此1934年撰书时现状——今按）。唐时郑余庆始得之于陈仓，移置凤翔孔庙中，亡其一。北宋复于民间获之。相传为成周猎碣，亦有谓为宣王大狩所作者。董逌、程大昌则断为成王所凿。郑樵、杨慎指为秦刻。全祖望谓不出秦前。马定国、焦竑、顾炎武皆先后疑为宇文周时所置。鼓文历久残缺，原文七百余字，宋时所见已仅四百六十五字。后人所见，字数愈少，有仅止二百余字者。清阮元重刻于杭州府学。王昶就诸家所藏，参考宋拓，及诸家摹本，补释阙文，共得四百六十四字。鼓文之详备，盖未有逾于此者矣。（见《金石萃编》卷一）

三〇 ◎ *《周易》主旨

《易经》由伏羲八卦（乾天、坤地、坎水、离火、艮山、震雷、兑泽、巽风），经文王益成六十四卦，演

石鼓文

(先锋本) 日本三井文库藏

绎成书。每卦有卦辞,为文王作。每卦有六爻,共三百八十四爻,爻辞为周公作。又经孔子作《十翼》,以辅翼之意,即《上彖》《下彖》《上象》《下象》《上系》《下系》《文言》《说卦》《序卦》《杂卦》,《易》至此而完备。

《易》一名而有三义:一为变易,即万象变化;一为不易,即万象变化而有一定之序;一为简易,万象变化不外始、中、终三相之运移。

易之根本思想有三:(一)顺天命,以达天地人之和合,以全福利。(二)以数理类归世间万象,使各定其位。(三)顺天命、依定位,使家族之分位明,社会之伦理立。

宋赵汝楳《易雅·通释》开篇即云:"昔者圣人之作《易》也,将以明道也。道无形,曷从而明之,唯寓之象数而已。象数非所以为《易》,非象数则无以见《易》,《易》不可见,则道何由而明哉?是故求道者必于《易》,求《易》者必于象数。象数之于《易》,犹木之本、水之源也。"《易》以窥天意,故曰天道。

三一 ○ *《易》有几种？

《易》有三种：一曰《连山》（夏易），以艮为首，象山之出云连连不绝；二曰《归藏》（商易），象万物之归藏于地，以坤为首；三曰《周易》，象天道周流，无所不包，以乾为首。《连山》《归藏》久已失传，今所存者为《周易》。

三二 ○ 何谓《十翼》？作者何人？

《十翼》旧说为孔子赞易之文，旧以《上彖》《下彖》《上象》《下象》《上系》《下系》《文言》《说卦》《序卦》《杂卦》，为十翼。亦有谓《系辞》上下、《说卦》上下、《文言》上下、《杂卦》上下、《序卦》上下为十翼者。近人钱穆、李镜池则谓《易系》非孔子所作，其所含思想远于《论语》，而近于老庄。彖传与象传为早期系统释经之传，其年代当在秦汉间，其著作者当为齐鲁间儒家者流；《系辞》与《文言》系汇集前人解经之残篇断简，并加以新著材料，年代当在史迁之

周武王

（？—前1043），姓姬，名发，文王子，岐周（今陕西岐山）人，灭殷商建立周朝。《故宫周刊》

武王

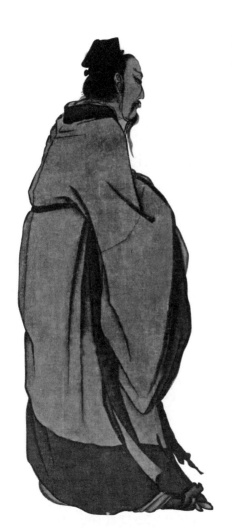

后，昭宣之前。《说卦》《序卦》与《杂卦》则为较晚之作品，在昭宣后。考证极为详尽，可供参考。（钱著《论十翼非孔子所作》，李作《易传探源》，皆载顾颉刚之《古史辨》第三册上编中。）

三三 ◦ *《尚书》主旨

《尚书》亦称《书经》。上古有左史、右史。左史记事，右史记言；事为《春秋》，言为《尚书》。至周而柱下史职藏之。春秋时，孔子周游披览，欲供经世之用，从多数中拔其为人君必读者凡百篇而成书，即《书经》是也；亦单名之曰《书》。孔子以为疏通知远，《书》教也。《书》以鉴古识今，传布王道者，故曰地道。

三四 ◦ 试述《尚书》命名之由来

孔安国："以其上古之书，谓之《尚书》。"
王肃："上所言，史所书，故曰《尚书》。"
郑玄："尚者，上也。尊而重之，若天书然，故曰《尚书》。"

三五。《尚书》有今古文之别，何谓今文？何谓古文？

汉文帝时，济南伏生以《尚书》教齐鲁间。文帝求治《尚书》者。生年九十余，不能行，诏晁错往受之，得廿八篇。武帝时增《泰誓》为二十九篇，以今文隶传写，曰"今文尚书"。武帝末年，鲁共王坏孔子宅，于壁中得《尚书》，皆蝌蚪文，故谓之"古文尚书"。

三六。* 何谓《洪范》？

《书经》篇名，箕子叙天地之大法，陈于武王者也。《汉书·五行志》曰："禹治洪水，赐《洛书》，法而陈之，《洪范》是也。"故亦称"洛书"。

三七。* 书教之意义如何？

《尚书·大传》云："六誓可以观义，五诰可以观仁，《吕刑》可以观诫，《洪范》可以观度，《禹贡》可以观事，皋陶可以观治，《尧典》可以观美。"其义虽各不同，但所以宣王道而正仁义则一也。

三八 ○ *《诗经》 主旨

周代设采诗之官，王者赖以知国政风俗之得失。《汉书·食货志》云："男女有不得所者，因想与歌咏，各言其伤。春秋之乐，群居者将散，行人振木铎，徇于路以采诗，献之太师，比其音律，以闻于天子。"故诗得诸风土人情，故曰人道。天、地、人三道之观念，于孔孟时代颇深入人心，故孟子有"天时地利人和"之说也。孔子删诗，上采殷，下取鲁，凡三百十一篇，至秦灭学，亡六篇，今存三百五篇。

三九 ○ * 试述 《诗经》 之内容

《诗经》内容如下表：

| 诗经 | 风 | 周南十一篇、召南十四篇、邶风十九篇、鄘风十篇、卫风十篇、王风十篇、郑风二十一篇、齐风十一篇、魏风七篇、唐风十二篇、秦风十篇、陈风十篇、桧风四篇、曹风四篇、豳风七篇。计十五国风一百六十篇 |

续 表

雅	小雅七十四篇：鹿鸣十篇、白华十篇、彤弓十篇、祈父十篇、小旻十篇、北山十篇、桑扈十篇、都人士十篇（佚六篇）。大雅三十一篇：文王十篇、生民十篇、荡十一篇。共计一百五篇
颂	周颂三十一篇：清庙十篇、臣工十篇、闵予小子十一篇。鲁颂四篇，商颂五篇。共计四十篇

四〇 ◦ *《诗经》产自何地？

《国风》为十五国之诗，据刘麟生《中国文学史》考据，十五国之所在地略如下：

国名	属地	国名	属地
周召	陕西西部	邶鄘卫	河北之南、河南之北一带
王	河南洛阳一部	郑	河南中部
齐	山东中东部	魏	山西南部
唐	山西中部	秦	陕西、甘肃交界
陈	河南东南部	桧	河南中部
曹	山东西南部	豳	陕西北部

四一 ◦ * 何谓三家诗？

齐、鲁、韩三家诗也，汉时诗传，除毛氏外，有辕固生作齐诗，申培作鲁诗，韩婴作韩诗。今三家诗，唯韩诗尚存外传；齐诗、鲁诗，魏晋间已散佚。

四二 ◦ 何谓毛诗？毛诗传授如何？

即《诗经》。汉崇三家，《三国志》尚毛氏。《汉书·艺文志》有《毛诗》二十九卷，《毛诗故训传》三十卷。但称毛公，不著其名。郑玄诗谱始称大毛公、小毛公。毛亨为大毛公，汉鲁国人；毛苌为小毛公，汉赵国人。今所传者即《汉志》之《故训传》，《四库提要》定为毛亨撰。自东汉郑玄为之笺，齐、鲁、韩三家诗遂废，独存《毛诗》，唐孔颖达有《疏》四十卷。孔子授之子夏。子夏传之鲁人毛亨，毛亨授之毛苌。

四三 ◦ 《诗经》是否为孔子所删？

孔子删诗，孔子未尝自言之，《史记》言之。汉以后学者怀疑日多。唐孔颖达论：书传所引之诗，见在者多，亡逸者少；则孔子所录不容十分去九。郑樵亦以此，莫之敢信。至清代朴学极盛，一时学者如江永、朱竹垞、崔述者皆斥司马氏为无稽。朱氏曰："诗至于三千篇，则辀轩之所采，定不止于十三国矣；而季札观乐于鲁，所歌风诗无出十三国以外者；又子所雅言，一则曰'诗三百'，再则曰'诵诗三百'，未必定属删后之言。"据朱氏之说，《左传·鲁襄公二十九年》记吴季札适鲁观乐，当时所歌之"风"，无出十三国以外；而孔子仅八龄耳，焉能删诗？且诸子说的，皆云三百，删诗除史迁外，不见其他何书，孰能断其言之非妄耶？

四四 ◦ 何谓赋、比、兴，风、雅、颂？

赋、比、兴，为《诗经》文学艺术方面之事。赋者，敷陈其事而直言之者也；比者，以彼物比此物也；

何尊

西周礼器，铭文有「宅兹中国」，此倒装句，意谓「宅兹国中」，与中国称谓无涉，未宜误会

兴者，先言他物以引起所咏之词也。

风、雅、颂，为三种不同之乐名。风则闾巷风土，男女情思之词；雅者，正也，言王政之所由兴废也。章太炎谓"雅"为与"南"对持之音乐，为奏声，亦即西周之声，说亦有当。颂者，美盛德之形容，以其成功告于神明者也。唯雅诗有"家父作诵，以救王讻"；《左传》有听舆人之颂，"原田每每，舍其旧而新是谋"。观此，则刺诗亦可称颂，非必尽作颂美解也。清儒阮元释颂为舞歌，颇具卓见。（旧称风、雅、颂、赋、比、兴为六义。）

四五 ○ 何谓四始？

《关雎》之乱以为"风"始，《鹿鸣》为"小雅"始，《文王》为"大雅"始，《清庙》为"颂"始。

四六 ○ 大小"雅"之分以何说为宜？

《诗序》谓"雅"言王政之所由兴废，政有大小，故雅亦有小雅、大雅。严氏《诗缉》云："明白正大，直言其事者，雅之体也；纯乎雅之体者，为雅之大；杂乎风之体者，为雅之小。"章俊卿《诗说》云："凡风之体，皆语句重复，浅近易见；雅则其言典则，盖士君子为之也。其语间有重复者曰'小雅'，未至于浑厚大醇也；'大雅'则浑厚大醇矣。"

以上诸说，皆强生分别，殊不知大小雅之分，端在于声乐之差异；与政之大小，体之纯杂，初无关系。此惠周惕《诗说》所以谓大小二雅当以音乐别之，而不以政之大小论。《朱子语类》亦云"小雅是'燕礼'用，大雅是'飨礼'方用"也。

四七 ◦ 《周南》《召南》何以列为《国风》之始？

旧说二南为正风，所以用之闺门乡党邦国而化天下者也，十三国为变风；故以二南列于《国风》之始。

四八 ◦ 毛诗《诗序》作者何人？

（一）郑玄：大序子夏作，小序子夏、毛公合作。

（二）王肃：全为子夏所作。

（三）范晔：卫宏作。（此说见《后汉书·儒林传》，最为有力。）

（四）王安石：诗人所自制。

（五）程颢：小序为国史旧文，大序为孔子所作。

四九 ◎ *《礼经》 主旨

《礼》今为三礼：《周礼》《仪礼》《礼记》。《周礼》本名《周官》，为周官礼，系西周朝政制度；《仪礼》为士礼，士礼不纯为周礼，又兼用夏殷之礼。此二书之区别。《礼记》则系戴德（大戴）、戴圣（小戴）所删述。《礼》与《乐》合而为德，礼为外修，乐为内炼。孔子自谓"七十随心所欲不逾矩"。矩者，礼也；随心所欲，则乐矣。

五〇 ◎ *《周礼》 有何异名？作者何人？

《周礼》本名《周官》，亦称《周官经》，后称《周官礼》，又尊为《礼经》。相传为周公所作。《通志·艺

宋本《周礼》

原陆心源皕宋楼旧藏,现归日本静嘉堂文库

周禮卷第九

秋官司宼第五　　　　鄭氏注

惟王建國辨方正位體國經野設官分職
以為民極乃立秋官司宼使帥其屬而掌
邦禁之佐王刑邦國 禁所以防姦者也刑正人
之法孝經說曰刑者侀也
侀者成也一成而不可變故
君子盡心焉
罪施刑官之屬大司宼卿一人小司宼中
大夫二人士師下大夫四人鄉士上士八
人中士十有六人旅下士三十有二人 士察

文略》云:"汉曰《周官》,江左曰《周官礼》,唐曰《周礼》。是《周礼》之名,至唐始定。一说《周礼》之名,始于刘歆。"

五一 ◦ *《周礼》六官何名?其各掌何职?

官名	首领	执掌
天官	冢宰,即太宰	内统百官,外均四海,举凡政教礼刑,无所不掌。与后代宰相近似
地官	大司徒	掌土地与人口。与后代之户部近似
春官	大宗伯	掌礼仪。与后代之礼部近似
夏官	大司马	掌军事。与后代之兵部近似
秋官	大司寇	掌刑法。与后代之刑部近似
冬官	大司空	掌经济。与后代之工部近似

五二 ◦ 《周礼》中有言及音乐原理者,试举出其篇名

《周礼》中言及音乐原理者为春官,如"大司乐""乐师"等。

五三 ◦ 《考工记》为何人所作？

《考工记》，凡一卷，言百工之事。《周礼》六官，冬官司空亡佚，汉人以此补之。清江永断为东周后齐人所作，亦称《冬官考工记》。

五四 ◦ 《仪礼》有何异名？作者何人？

《仪礼》古时单称《礼》，或称《士礼》，又名《古礼经》。古文学家以为周公所作，今文家则认为孔子所定。

五五 ◦ 何谓《大戴礼记》？何谓《小戴礼记》？

《古礼》二百四篇，与古文《尚书》等同出孔子壁中，汉戴德定为八十五篇，谓之《大戴礼》，今唯存三十九篇。《小戴礼》四十九篇，为戴圣所编，今通称为《礼记》。（《隋志》谓小戴删定为四十六篇，马融益以《月令》《明堂位》《乐记》，乃成今本之四十九篇，其说亦不无理由；唯梁任公颇非之。）

五六 ○ 大小戴《礼记》内容之分析

（甲）记述某项礼节条文之专篇：如《诸侯迁庙》《诸侯衅庙》等篇。

（乙）记述某项政令之专篇：如《夏小正》《月令》等。

（丙）解释《礼经》之专篇：如《冠义》《昏义》等。

（丁）记孔子言论：如《表记》《缁衣》等。

（戊）记孔门及时人杂事：如《檀弓》及《杂事》之一部分。

（己）制度之杂记载：如《王制》《玉藻》等。

（庚）制度礼节之专门考证及杂考证：如《礼器》《祭法》《祭统》等。

（辛）通论礼意或学术：如《礼运》《礼祭》等。

（壬）杂记格言：如《曲礼》《少仪》等。

（癸）某项掌故之专记：如《五帝德》《帝系》等。

五七 ◎ *《乐经》 主旨

有《乐经》即有《乐记》。孔子再传弟子公孙尼子为《乐经》作《乐记》，残存于《小戴礼记》。《乐经》《乐记》遭秦火而不传，其后乐官能奏其乐，而不能言其理。《汉书·艺文志》载："汉兴，制氏以雅乐声律，世在乐官，颇能纪其铿锵鼓舞，而不能言其义。武帝时，河间献王好儒，与毛生等共采《周官》及诸子言乐事者，以作《乐记》，献八佾之舞，与制氏不相远。"

刘向《别录》载《乐记》二十三篇篇目如下：

《乐本》《乐论》《乐施》《乐言》《乐礼》《乐情》《乐化》《乐象》《宾牟贾》《师乙》《魏文侯》《奏乐》《乐器》《乐作》《意始》《乐穆》《说律》《季札》《乐道》《乐义》《昭本》《招颂》《窦公》（《小戴礼记》所收仅前十一篇）。此以见西周礼乐之制下，乐理之发达。

关于《乐经》，今古文学家主张各异。古文学家以为古有《乐经》，因秦火而亡佚，今文学家则以为古无《乐经》，乐即在《礼》与《诗》中。

曾侯乙编钟

战国早期乐器

五八 ◎ 《逸周书》之概略

《逸周书》十卷,自度训至于器服,凡七十解,自叙其后为一篇,若书之有小序同,孔晁为之注。晋太康中,盗发汲郡安釐王冢而得之,故谓之汲冢。所言文王与纣之事,故谓之周书。后人疑为战国逸民处士之所纂辑,以备私藏者。

五九 ◎ 《穆天子传》之概略

《穆天子传》,出汲冢,晋荀勖校定为六卷,有序言,言周穆王游行之事,其事虽不典,文甚古,颇可观览。晋郭璞注。

六〇 ◎ * 何人制礼作乐?

周公制礼作乐。夏尚质,殷尚鬼,周尚文。故孔子有"周监于二代,郁郁乎文哉"之称,周文化,不仅为三代之创局,实中华文化之冠冕。周公密其法度,施以仁义，整饬社会秩序，使天子顺天意以治天下，万民为大同之乐以安居，遂致"成康"盛世，为我国先秦所仅有之局面。

六一 ◎ * 西周礼乐之制何如？

西周以礼、乐、刑、政治天下。"礼节民心，乐和民声，政以行之，刑以防之。""成康盛世"，史家称："成康之际，天下安宁，刑错四十余年不用。"（《史记·周本纪》，裴骃《集解》引应劭曰："错，置也。民不犯法，无所置刑。"）

六二 ◎ * 礼乐于社会之作用几何？

孔子曰："君子三年不为礼，礼必坏；三年不为乐，乐必崩。"又曰："上好礼，则民莫敢不敬；上好义，则民莫敢不服；上好信，则民莫敢不用情。"上有所好，下必甚焉。入一国，睹其民风之淳与漓，可知其人君之仁与不仁也。礼乐造就君子，君子合成礼乐社会，亦即君子社会。

六三 ○* 试略述三代之音乐

我国音乐,发源至早,黄帝时伶伦取昆仑山巇溪之竹,作成十二律,即六律、六吕。以黄钟、太簇、姑洗、蕤宾、夷则、无射之阳六为律,以太吕、夹钟、中吕、林钟、南吕、应钟之阴六为吕。《云门》《咸池》之乐,据传为黄帝作(见《周礼注》)。舜时有《大韶》之乐,禹时有《大夏》之乐,汤有《大濩》之乐;至周,武王有《大武》之乐。周公制礼作乐,推而演之,定:

(一)《云门》为祀天之乐;

(二)《咸池》为祀地之乐;

(三)《大韶》为祀四时之乐;

(四)《大夏》为祀山川之乐;

(五)《大濩》为享先妣之乐;

(六)《大武》为享先祖之乐。

乐器分金、石、丝、竹、匏、土、革、木八音,以笙为匏音,以埙为土音,以鼓为革音,以柷为木音。至是,音乐乃称大备。

六四 ◎＊试述礼与乐之关系

"乐由中出,礼自外作","礼非乐不行,乐非礼不举",二者相辅相成,达成德化功用,"立于礼,成于乐"。又以礼乐贯通人情,所以入人者深,"乐也者,情之不可变者也;礼也者,理之不可易者也。乐统同,礼辨异,礼乐之说,贯乎人情矣"。故曰:"乐至则无怨,礼至则不争。"(《礼记·乐记》)

礼乐互为表里,相辅相成,缺一不可。礼而不乐(悦)则礼坏;乐而不礼则乐崩。故礼可以乐坏,乐可以礼崩。此论礼乐者,从来未有发明者也。礼之末流,倒行逆施,不免阻碍进步;乐之末流,放僻邪侈,卒致民风浇漓。

礼之末流,则禁锢思想,扼杀人性,引起反动,故民初有"礼教杀人"之恶谥。盖礼不能顺时应变,转而为僵死之桎梏,不能乐人,无令人有心悦诚服之感者。

乐者悦也,虽礼之束缚,而人能心悦诚服者,乐矣。乐之末流,桑间濮上,蛊乱人心。故《礼记》曰"礼节民心,乐和民声",礼乐交互为用,遂臻于至善。

礼主理智，乐主情感，由外及内，由表入里，则里应外合，故礼乐必兼施，相辅相成，不可独行。制礼作乐亦必行于同时，不可析而为两。礼乐之合为德，礼乐又曰合道之德。

六五 ◦ * 试述诗与乐之关系

"德者，性之端也；乐者，德之华也。金石丝竹，乐之器也。诗，言其志也；歌，咏其声也；舞，动其容也；三者本于心，然后乐气从之。"自此可知德与乐、乐与诗之互为表里。"乐在宗庙之中，君臣上下同听之，则莫不和敬；在族长乡里之中，长幼同听之，则莫不和顺；在闺门之内，父子兄弟同听之，则莫不和亲。故乐者，审一以定和，比物以饰节，节奏和以成文，所以合和父子君臣，附亲万民也。"诗出于心，乐出于诗，德出于礼乐。

《礼记·乐记》云："审声以知音，审音以知乐，审乐以知政，而治道备矣。"凡世间一切声响，皆谓之声；循序且有节奏之声，谓之音；听其音而心乐（悦）之者，谓之乐也。一国有一国之乐，一代有一代之音。

入其国，知其音，审其乐，可以就觇其政。故曰："治世之音安以乐，其政和；乱世之音怨以怒，其政乖；亡国之音哀以思，其民困。"(《诗大序》)

《诗序》云："诗者志之所之也。在心为志，发言为诗。情动于中而形于言，言之不足，故嗟叹之；嗟叹之不足，故永歌之，永歌之不足，不知手之舞之，足之蹈之也。"在心为志，发言为诗，诗之创作也；言之不足，故嗟叹之，诗之诵读也；嗟叹之不足，故永歌之，诗之吟咏、歌唱也；永歌之不足，舞之蹈之者，由歌而舞也。

六六 ◎ ＊ 五经为中华文化之核心

《史记》谓《礼》以节人，《乐》以发和，《书》以道事，《诗》以达意，《易》以道化，《春秋》以道义。《礼记》则谓温柔敦厚，《诗》教也；疏通知远，《书》教也；广博易良，《乐》教也；絜静精微，《易》教也；恭俭庄敬，《礼》教也；属辞比事，《春秋》教也。古人为论虽多，大致不过如是。

《周易》为大道之源，天道也；《尚书》述古先王之圣言，孔颖达云："圣贤阐教，事显于言，言惬群心，书而示法，因号曰书。"地道也；《诗经》旨在兴观群怨，人道也。三经合为一"道"字，而《礼》《乐》则为合道之"德"。"五经"构成先秦基本道德伦理体系，亦为中华文化赖以植根之基石。

吾国学问，每因循守旧，不敢突破前人，是其一病。今于六经，别为新说，试为一述：孔子时代，群经不止于五数，而孔子以周公思想为其核心，择为五经，以构成思想体系之全豹，故子曰："述而不作。"孔子之理想，在恢复王道，即西周礼乐之治，故五经者，皆为此设。

"五经"体系为中华文化之基本核心，说如下：

《周易》衍而为古代哲学体系，包括诸子百家等，为中华各派文化之渊薮。

《尚书》衍而为古代史学体系，嗣后自《春秋》以来之历代正史野史无不以《尚书》为源头。

《诗经》衍而为古代文学体系，与《楚辞》同为历代文学之圭臬。

《礼经》《乐经》衍而为古代之政教体系。

先秦诸子呈现百家争鸣之势，其所论列之思想，大体不出"五经"之范畴。故诸子思想仍可谓"五经"之分支与流脉,"大道至简",由此一基本线索探索中华文明,可以概见中华文化发展演进之脉络与大势。

六七 ◎ * 周公于历史文化之伟大贡献

黄帝为我中华人文初祖,周公为中华文明之祖,孔子为中华儒学之祖。此以见周公于中华文化史上之地位,既尊且隆。

周公,名旦。文王子,武王弟,成王叔,一生辅佐三王而致盛世。武王崩而成王幼,摄政监国,制礼作乐,周之文物典章,灿然大备。我国后世一切文化传统,莫不出自周人,亦即周公制作也。《易》《书》《诗》《礼》《乐》皆出自西周,为中华文明之最高轨范,历代尊为经典。故章学诚谓:"'六经'皆周公旧典。"

古代于天之信仰,其主旨在于重德;以天道为人德之规范,德为合道之德,唯有德者可以受天命。周公之依托天意,言必称天道者盖由此。周公摄政,其治理社会之秩序,经纬万端,宏织毕贯者:

首在制礼:礼仪三百,威仪三千,祀事农功,皆有

周公

姓姬,名旦,文王子,武王弟,岐周(今陕西岐山)人,制礼作乐

《故宫周刊》

法度；冠婚丧祭，各循典则。夫以礼为政治之要，而以之经纶天下者，周公实启其绪；当时之礼，观念之发达，礼教之整饬，备见《周礼》《仪礼》《荀子》《孟子》诸书。孔子乃曰："周监于二代，郁郁乎文哉。"谓周公也。

其次设官：庶政以六卿综之，天官冢宰掌邦治，地官司徒掌邦教，春官宗伯掌邦礼，夏官司马掌邦政，秋官司寇掌邦刑，冬官司空掌邦事；各有徒属，周于百事，以倡九牧，阜成兆民。（详《周礼》）

其次作乐：周公既作勺，《汉书·礼乐志》云："武王作《武》，周公作《勺》。勺，言能勺先祖之道也。"又有房中之乐，以歌后妃之德。大司乐以乐德、乐语、乐舞教国子，以六律、六同、五声、八音、六舞、大合乐，以致鬼神示，以和邦国，以谐万民，以安宾客，以悦远人，以作动物。（详《周礼·春官》）

当是之时，赏赐不加于无功，刑罚不加于无罪，天下家给人足，四十年不用刑罚，周公改易殷商制度，节制社会各阶层，促进社会生产力之发展。周公之制，体大虑周，开启文明，不仅深具历史意义，实深具世界意义也。

中华文化之主体为汉文化,汉文化之重心,在儒家文化,儒家文化之核心,为礼乐文化。若论中华优秀传统文化,礼乐实其圭臬;不独典章制度、礼法人情,皆以礼乐为其门径,盖一切道德之建立,亦皆舍礼乐而莫由出也。"文王有大德而功未就,武王有大功而治未成"(贾谊《新书·礼容下》),"周公集大德大功大治于一身。孔子之前,黄帝之后,于中国有大关系者,周公一人而已"(夏曾佑语)。

"周公吐哺,天下归心",周公之德化,垂范百世,礼乐之威仪,远播八方。周公制礼作乐,自有中国以来,文明之灿烂,乃登峰造极,洵为五千年中国历史文化中,最庄严、最瑰丽、最永久之光彩。

中华文化之演进

（春秋战国）

丙编

六八 ◦ * 孔子治六经

《庄子·天运篇》:"孔子语老聃曰:丘治诗、书、礼、乐、易、春秋六经。"据《史记》六经与孔子之关系云:《书》为孔子所编次;《礼》与《乐》为孔子所修定;《易》之《彖传》《象传》《系辞传》《说卦》《文言》等为孔子所作;《春秋》为孔子因鲁史而作;《诗》三百篇,孔子皆弦歌之。(《孔子世家》)

六九 ◦ * 试述孔子之伟大贡献

孔子为儒学之开派,其思想之宏大,凡宇宙人生之见解,靡不具论。至昔人有"天不生仲尼,万古如长

孔子

（前551—前479），名丘，字仲尼，鲁国陬邑（今山东曲阜）人

《故宫周刊》

夜"之叹,可以概见其于我国历史文化之影响,既深且巨。孔子自谓"述而不作",其于三代文献,删存"六经",去芜存精,建立文化体系。《史记·孔子世家》载:"孔子以诗书礼乐教。……子曰:'吾自卫反鲁,然后乐正,雅颂各得其所。'……三百五篇孔子皆弦歌之,以求合于韶武雅颂之音,礼乐自此可得而述。"

孔子以伦理思想为中心,其政治主张及逻辑方法皆由此引出,并主张和平折中之法。其思想以"仁"为根本观念,施行之方法为"恕",即"己所不欲勿施于人","己欲立而立人,己欲达而达人",成为儒家之中心思想。其学说以"仁"为人类行为之根本,以修身、齐家、治国、平天下为主旨,以《诗》《书》《礼》《乐》为致德之工具。

太史公曰:"诗有之:'高山仰止,景行行止。'虽不能至,然心向往之。余读孔氏书,想见其为人。适鲁,观仲尼庙堂车服礼器,诸生以时习礼其家,余低回留之不能去云。天下君王至于贤人众矣,当时则荣,没则已焉。孔子布衣,传十余世,学者宗之。自天子王侯,中国言六艺者折中于夫子,可谓至圣矣。"(《史记·孔子世家》)

七〇 ◦ 何谓六经、五经、九经、十三经？

六经之名始见于庄子，谓《易》《书》《诗》《礼》《乐》《春秋》也。《乐经》亡于秦，不传，故汉多言"五经"。唐时以"三礼"(《礼记》《周礼》《仪礼》)"三传"(《春秋左氏传》《公羊传》《穀梁传》)《诗》《书》《易》九书试士，故名为"九经"。唐及后蜀石经，并于"九经"外，刻《孝经》《尔雅》《论语》，号十二经。宋代补刻《孟子》，于是有"十三经"之目。

七一 ◦ *《春秋》为谁所编？何以名"春秋"？

《春秋》为鲁史记之名，孔子删定之。故通常皆谓孔子作《春秋》。

"春秋"本古史名，以其为编年体，年有四时，不能遍举，故曰"春秋"。《春秋》为孔子据鲁史而作，孔子作《春秋》之法，据司马迁云："约其辞文，去其繁重，以制义法，王道备，人事浃。"知孔子以"一字寓褒贬"，使之具"微言大义"矣。《春秋》所记鲁史，上起隐公元年（前722年），下止哀公十四年（前481年），计凡十二公，二百四十二年。

七二 ◎ 除孔子作《春秋》外，其他尚有以春秋名书者否？

曰，有之，如《晏子春秋》《吕氏春秋》《春秋繁露》《吴越春秋》皆是也。

七三 ◎ 何谓《春秋》内外传？

左丘明作《左传》为《春秋》内传，复有事实不能解释《春秋》者，又著《国语》一书为《春秋》外传。亦有谓《左传》为记事之书，《国语》为记言之书。

七四 ◎ ＊三传同为解释《春秋》而作，有何不同之点？

《左传》为古文学，《公羊传》为今文学，《穀梁传》前人存两说。三传得失，有异说：

（一）郑康成曰："左氏善于礼，公羊善于谶，穀梁善于经。"

（二）范甯曰："左氏艳而富，其失也巫；穀梁清而婉，其失也短；公羊辩而裁，其失也俗。"

（三）何休曰："公羊墨守，左氏膏肓，穀梁废疾。"

（四）朱熹曰："左氏史学，事详而理差；公羊经学，理精而事误。要之左氏为记载之传，故以史事为主，穀梁为训诂之传，故以释经为主。"

七五 ○ *《国语》《战国策》为何人所作？

《国语》《战国策》，皆为国别体史书。《国语》为周左丘明所作，《战国策》为汉刘向集合先秦诸人所记载战国时事而成。

七六 ○ 试述《论语》之编辑者及其年代

《汉书·艺文志》云："《论语》者，孔子应答弟子时人及弟子相与言而接闻于夫子之语也。当时弟子各有所记。夫子既卒，门人相与辑而论纂，故谓之《论语》。"虽然，书中所记如鲁哀公、季康子、子服、景伯诸人，皆举其谥，诸人之死，皆在孔子卒后。书中又记曾子临终之言，曾子在孔门齿最幼，其卒年更当远后于孔子。然则此书最少有一部分为孔子卒后数十年七十子之门人所记，无疑。书中于有子、曾子皆称"子"；全书第一章记孔子语，第二章即记有子语；第三章记孔子语，第四章即记曾子语。窃疑纂辑成书，当出有子、曾子门人之手；而记孔子言行，则半承有、曾二子之笔记或口述也。

七七 ○ 何谓三种《论语》？

汉初《论语》计有三种：（一）《鲁论》，鲁人所学，凡二十篇；（二）《齐论》，齐人所学，凡二十二篇，多《问王》《知道》二篇；（三）《古论》，出自孔壁，凡二十一篇，分尧曰下半篇为从政篇。

七八 ○ *《孝经》为何书？作者何人？

《孝经》为论孝之记录，有今古文之别：今文十八章，古文二十二章。旧说系孔子自著或曾参所作。清代毛奇龄断为七十子之徒所作，以书中内容多接近孟子思想，此说似较可信。旧说所谓"孔子志在《春秋》、行在《孝经》"者，实出纬书家之附会。《孝经》所述，为自天子至庶人事亲之道。

七九。《孔子家语》是否孔子所作？

今所存《家语》，非原著，乃魏王肃所补辑。

八〇。何谓孔门四科？

德行、言语、政事、文学为孔门四科。孔子常各因其材以四者教人。

八一。*孔门四配、十哲为何许人？

四配者，即于孔子庙配享者。唐太宗配享颜渊，玄宗并配曾子，宋神宗、度宗以孟子、子思皆配享庙堂。故后世始有四配之目。今孔子庙中，东配为颜子、子

颜回

(前521—前481),字子渊,鲁国人。孔子弟子

《故宫周刊》

思,西配为曾子、孟子。

十哲,谓孔子之十大弟子,在孔庙祀典中列位者。"十哲"为颜渊、闵子骞、冉伯牛、仲弓、宰我、子贡、冉有、季路、子游、子夏十人。后以颜渊配享,遂升曾子入十哲;复后又以曾子配享,升子张为十哲之一。

八二。《竹书纪年》为何人所作?

《竹书纪年》作者不可考,或云战国时魏史官所记。原有十三篇。晋太康二年(281年),盗发汲郡魏安釐王冢,得竹简书数十车,《纪年》即在其中。武帝诏付秘书,校缀次第,写以今文,始传于世。

八三。* 何谓五伦?

伦常之道有五,《孟子》云:"使契为司徒,教以人伦。父子有亲,君臣有义,夫妇有别,长幼有序,朋友有信。"孔孟之道,实以五伦为其纲领。

八四 ◎ * 何谓六行？

《周礼》西周大司徒教民以六行，即：孝、友、睦、姻、任、恤。又，贾谊《新书》有云：人有仁、义、礼、智、信之行，行和则乐，与乐则六，此之谓六行。为别一说也。

八五 ◎ * 何谓三纲五常？

孔子曰："君使臣以礼，臣事君以忠。"（《论语·八佾》）《白虎通》曰："君臣、父子、夫妇为三纲。诸父兄弟、族人、诸舅、师长、朋友为六纪。"后世乃有"君要臣死，臣不得不死；父要子亡，子不得不亡"之说，则全为歪曲古义。

五常有二义，一谓五伦；一谓仁、义、礼、智、信。董仲舒《贤良对策》曰："仁义礼智信，五常之道。"常者，谓人生应常行之道也。

八六 ○ 何谓《尔雅》?

唐陆德明《经典释文》曰:"《尔雅》者,所以训释五经,辩章同异,实九流之通路,百氏之指南,多识草木鸟兽之名,博览而不惑者也。尔者,近也;雅者,正也;言可近而取正也。《释诂》一篇,盖周公所作;《释言》以下,或言仲尼所增、子夏所足、叔孙通所益、梁文所补。"(《序录》)梁任公云:"《尔雅》今列于十三经,陋儒竞相推挹,指为周公所作,甚可笑。其实不过秦汉间经师诂经之文,好事者编于类书,以便参检耳。"此说颇有见释。

八七 ○ 何谓五雅?

明郎奎金汇刻《五雅》,因有其称:

(一)《尔雅》,晋·郭璞注,二卷;

(二)《释名》,一名《逸雅》,汉·刘熙撰,八卷;

(三)《小尔雅》,自《孔丛子》第十一篇中辑出,汉·孔鲋撰、宋咸注,一卷;

(四)《广雅》,魏·张揖撰,隋·曹宪音释,十卷;

(五)《埤雅》,宋·陆佃撰,二十卷。

八八 ◎ * 试述孟子之主张

孟子推阐子思之性说而为性善说;于孔子所谓仁为德本之外,又标举一义字而为仁义说;证明仁义为人类所固有,而为良知、良能说;复称述井田、学校、关梁、树畜之制,归本于王道而为政治说。性善说为孟子哲学之本原,尝曰:"人性之善也,犹水之就下也,人无有不善,水无有不下。"(《告子上》,下同)推之于人皆有不忍之心,故曰:"恻隐之心,人皆有之;羞恶之心,人皆有之;恭敬之心,人皆有之;是非之心,人皆有之。"又曰:"恻隐之心,仁之端也;羞恶之心,义之端也;辞让之心,礼之端也;是非之心,智之端也。"以为人皆有恻隐、羞恶、辞让、是非之心,人之生既有此四端,四端推衍发展,遂为仁义礼智四德。又以口有同嗜,耳有同听,目有同美,故知人心之于理义亦有同好;好善恶恶,好正恶邪,皆人之本性使然。人之德立,而天下治。此孟子思想之大凡也。

八九 ◦ 《孟子》为何人所作？

汉儒传说，此书为孟子自撰（见赵岐《孟子题辞》）。梁任公以书中称时君皆举其谥，其人未必皆先孟子而卒；又于孟子门人多以"子"称之。果孟子所自著，恐未必自称其门人皆曰子；遂断为孟子门人万章、公孙丑所追述。因记二子问答之言最多，而二子在书中亦不以子称也。

九〇 ◦ 试言《孟子》一书内容要点

（一）哲理谈　倡性善之说，如《告子》上下篇、《尽心》上篇。

（二）政治谈　发挥民本主义，如《梁惠王》上下篇、《滕文公》上篇。

（三）一般修养谈　多用发扬蹈厉语，提倡独立自尊之精神，排斥个人之功利主义，见《滕文公》《告子》《尽心》等篇。

（四）历史人物之批评　借古人言论行事证实本人之

孟子

(前372—前289),姬姓,孟氏,名轲,字子舆,邹国(今山东邹城)人

《故宫周刊》

主义,《万章》篇最多。

(五)对于他派之辩争　如辟杨墨、与告子论性、斥许行、陈仲子之徒。

(六)记孟子出处辞受及日常行事等。

九一。何谓四书?

宋程正叔(颐)自《小戴礼记》中抽出《大学》《中庸》二篇特别提倡,朱晦庵(熹)乃创为"四书"之名。其次序:(一)《大学》,(二)《论语》,(三)《孟子》,(四)《中庸》。

九二。*《中庸》作者何人?

《中庸》为《礼记》中之一篇。朱晦庵谓"子思作之以授孟子",其言无据。篇中有一章袭孟子语而略有改窜,据清人崔东壁(述)所考证,则其书决出孟子后也。(《考信录》)其第一章云:"天命之谓性,率性之谓道,修道之谓教。道也者,不可须臾离也;可离,非道也。是故君子戒慎乎其所不睹,恐惧乎其所不闻;莫见乎隐,莫显乎微,故君子慎其独也。喜怒哀乐之未发,谓之中;发而皆中节,谓之和。中也者,天下之大本也;和也者,天下之达道也。致中和,天地位焉,万物育焉。"是一篇之大旨也。

九三 ◦ *《大学》所言何事?

《大学》为《礼记》第四十一篇,专论古者大学教人之次第,或以为记古人"博学"之道,由是可以达于"为政"之意。《大学》之思想后人总结为三纲领(明明德、亲民、止至善),八条目(格物、致知、诚意、正心、修身、齐家、治国、平天下)。

九四 ◦ * 何谓道统?

儒家承继之正宗:伏羲—神农—黄帝—尧—舜—禹—汤—文武(文王、武王)—周公—孔子—颜曾(颜子、曾子)—子思—孟子—周子—程张(程子、张子)—朱子。以儒家向以独尊,故道统亦专就儒家而言。

管子

(前723?—前645),名夷吾,字仲,谥敬

《三才图会》

管夷吾像

九五 ◦ 何谓六家、九流？

六家：阴阳、儒、墨、名、法、道德。（司马谈《论六家要旨》，见《史记·自序》）

九流：儒家者流，道家者流，阴阳家者流，法家者流，名家者流，墨家者流，纵横家者流，杂家者流，农家者流。若更以"小说家者流"入之，则为诸子十家。（班固《汉书·艺文志》）

九六 ◦ ＊九流之领袖为何人？

儒家为孔子，道家为老子，墨家为墨翟，法家为韩非，阴阳家为邹衍，杂家为吕不韦，名家为施惠、公孙龙，纵横家为鬼谷、张仪、苏秦，农家为许行。

九七 ◦ 何谓儒家？

儒家者流，盖出于司徒之官，助人君顺阴阳，明教化者也。游文于六经之中，留意于仁义之际；祖述尧舜，宪章文武，宗师仲尼，以重其言，于道最为高。孔子曰："如有所誉，其有所试。"唐虞之隆，殷周之盛，仲尼之业，已试之效者也。然惑者既失精微，而辟者又随时抑扬，远离道本，苟以哗众取宠，后进循之，是以五经乖析，儒学浸衰，此辟儒之患。（《汉书·艺文志》，有晏子等五十三家）

九八 ◎ 何谓道家？

道家者流，盖出于史官，历纪成败存亡祸福古今之道，然后知秉要执本，清虚以自守，卑弱以自持，此君人南面之术也。合于尧之克让，易之嗛嗛，一谦而四益，此其所长也。及放者为之，则欲绝去礼学，兼弃仁义；曰：独任清虚，可以为治。（《汉书·艺文志》，有伊尹等三十七家）

九九 ◎ 何谓阴阳家？

阴阳家者流，盖出于羲和之官，敬顺昊天，历象日月星辰，敬授民时，此其所长也。及拘者为之，则牵于

禁忌，泥于小数，舍人事而任鬼神。（《汉书·艺文志》，有宋司星子韦等二十一家）

一〇〇 ◦ 何谓法家？

法家者流，盖出于理官，信赏必罚，以辅礼制。《易》曰"先王以明罚饬法"，此其所长也。及刻者为之，则无教化、去仁爱，专任刑法，而欲以致治。至于残害至亲，伤恩薄厚。（《汉书·艺文志》，有李悝等十家）

一〇一 ◦ 何谓名家？

名家者流，盖出于礼官，古者名位不同，礼亦异数。孔子曰："必也正名乎？名不正，则言不顺；言不顺，则事不成。"此其所长也。及警者为之，则苟钩析乱而已。（《汉书·艺文志》，有邓析等七家）

一〇二 ◦ 何谓墨家？

墨家者流，盖出于清庙之守，茅屋采椽，是以贵俭；养三老五更，是以兼爱；选士大射，是以上贤；宗祀严父，是以右鬼；顺四时而行，是以非命；以孝视天下，是以上同；此其所长也。及蔽者为之，见俭之利，因以非礼，推兼爱之意，而不知别亲疏。（《汉书·艺文志》，有尹佚等六家）

一〇三 ◦ 何谓纵横家？

纵横家者流，盖出于行人之官。孔子曰："诵诗三百，使于四方，不能专对，虽多亦奚以为？"又曰："使乎！使乎！"其言当权事制宜，受命而不受辞，此其所长也。及邪人为之，则上诈谖而弃其信。（《汉书·艺文志》，有苏秦等十二家）

一〇四 ◦ 何谓杂家？

杂家者流，盖出于议官。兼儒、墨，合名、法，知国体之有此，见王治之无不贯，此其所长也。及荡者为之，则漫羨而无所归心。（《汉书·艺文志》，有孔甲等二十家）

一〇五 ◎ 何谓农家？

农家者流,盖出于农稷之官,播百谷,劝耕桑,以足衣食。故八政一曰食,二曰货。孔子曰:"所重民食。"此其所长也。及鄙者为之,以为无所事圣王,欲使君臣并耕,悖上下之序。(《汉书·艺文志》,有神农等九家)

一〇六 ◎ 何谓小说家？

小说家者流,盖出于稗官,街谈巷语,道听途说者之所造也。孔子曰:"虽小道必有可观者焉,致远恐泥,是以君子弗为也。"然亦弗灭也。闾里小知者之所及,亦使缀而不忘;如或一言可采,此亦刍荛狂夫之议也。(《汉书·艺文志》,有伊尹等十五家)

一〇七 ◎ * 试述诸子学说产生之基础

诸子学说产生之原因有二:一为出于王官,一为出于救世之弊。古时政教不分，官学合一，有官斯有法，故法具于官；有官斯有书，故官守其书；有书斯有学，故师传其学；有学斯有业，故弟子习其业；官守学业皆出于一，而天下以同文为治，故私门无著述之学。后官司失职而师弟传业，遂流为某氏某家之学。此为出于王官之说也。班固《汉书·艺文志》等主之。

周代承平日久，至春秋战国，积弊日深，政治趋于黑暗，社会纷乱已亟，遂出种种反动思想，忧时、厌世、乐天、安命、愤世等各亦有之，结成诸子之理论，进而作对于宇宙人生真理之探讨；时各国务在富国强兵，延揽人才，故各以其学说争鸣当时，学术思想之隆盛，亘古所未有。此诸子出于救世之弊说，其说刘安《淮南子要略》主之。

一〇八 ◦ 主诸子出于救世之弊者何人？

（一）淮南王刘安（见《淮南子要略》）

（二）胡适（见《中国哲学史大纲》附录"诸子不出于王官论"）

一〇九 ◦ 儒家有八，其名为何？

（一）子张之儒；（二）子思之儒；（三）颜氏之儒；（四）孟氏之儒；（五）漆雕氏之儒；（六）仲良氏之儒；（七）孙氏之儒；（八）乐正氏之儒。（见《韩非子·显学篇》）

一一〇 ◦ 荀孟同出于儒家，其根本不同之点安在？

儒家之学，孔子以中庸为极则。孟轲则偏重于直觉。唯荀卿在儒家中别开生面，独树一经验派之旗帜。言人性则孟主性善，荀主性恶；论政则孟法先王，荀法后王；教人则荀重教训，孟贵自得。学问，则孟谓"虽无文王犹兴"（《孟子·尽心上》），荀倡"隆师"（《荀子·修身》）。二氏虽同出于孔丘之门，而思想竟异趣如此，夫何故欤？近人冯友兰论荀孟之比较，极中肯要，兹录其言，以为解答："詹姆士谓：哲学家，可依其气质，分为硬心的及软心的二派。柏拉图即软心派之代表，亚里士多德即硬心派之代表也。孟子乃软心派的哲学家，其哲学有唯心论的趋向。荀子为硬心派的哲学家，其哲学有唯物论的趋向。……即孟子观之，如尽性则知天，及'万物皆备于我'之言，由荀子之近于唯物论的观点视之，诚为'僻违而无类，幽隐而无说，闭约而无解'也。荀子攻孟子，盖二人之气质学说本不同也。"（《中国哲学史》）

一一一 ◎ * 晏子何以列入儒家？

后人以《晏子》中多诋毁孔子之言，疑《汉志》列入儒家为不当。不知儒家之教，以五伦为基本，以礼乐为工具。周公制礼作乐，千古莫与之比，故为儒家肇始。晏子、孔子同为祖述儒家，而晏子非孔，正如孟、荀二子同尊孔子而荀子非孟略同。

一一二 ◎ 老子究竟有无其人，其书是否本人所作？

老子为道家始祖，其履历，见于《史记》之《老庄

老子

李耳（前571？—？），字伯阳，楚国苦县（今河南鹿邑）人

《中国历代名人图鉴》

申韩列传》,后之论老子者,无不引以为据。传文迷离惝恍,复列老莱子、太史儋史实,疑为老子化身,愈使人不可捉摸。然其人绝非子虚乌有,已为不易之论。唯《老子》一书著者谁氏,学者皆深致疑焉。

崔东壁谓此书绝非出自老聃,汪容甫则定为史儋之作。近人梁任公亦列举六大疑问,证明《老子》作者之非老聃:其一为孔、老子孙同时之不合情理;其二孔子书中未尝称赞老子一语,墨、孟著述亦无评列老子之文;其三孔子问礼之老聃,其人拘谨守礼,完全与五千言精神不相侔;其四为《史记》所据寓言十九之《庄子》,不能视为信史;其五为《老子》书中语多不似春秋时人之言;其六为书中之成语,非战之议论及所列官名,全为战国时代。即此六端,已足判明《老子》之著作年代绰然有余。

冯友兰于近著《中国哲学史》中复补充三项:(一)孔子以前无私人著述之事,故《老子》不能早于《论语》;(二)《老子》之文体非问答体,故应在《论语》《孟子》之后;(三)《老子》之文为简明之经体,可见其为战国时之作品。

李季亦谓(一)寥寥五千言之《道德经》曾言"不

贵难得之货",又言"难得之货令人行妨""身与货孰多",所谓货即商品,此种鄙弃商品之语,皆针对商业发达之战国而言;(二)所有"民多利器……人多伎巧……法令滋彰"等语,亦为技术进步、法令繁多的战国之写照。(见《胡适中国哲学史大纲批判》)

自冯李两氏之论出,而老子之谳定。吾人可据以得一结论曰:作《老子》者,战国时代之李耳也;与传说中之"博大真人"老聃也,了不相涉。乃太史公不察,混而一之,实亦谬矣。

一一三。《庄子》一书,何篇为真,何篇为伪?试言之

《庄子》今存三十三篇,即晋郭象之所删定。分为内篇七,外篇十五,杂篇十一。内篇理深,故每于文外别立篇目;自外篇以下,则取篇首二字为其题目,即《骈拇》以下各篇是也。只内七篇已尽其意,其外篇皆蔓衍之说耳。杂篇中《让王》《说剑》《盗跖》《渔父》四篇,文笔拙劣,前贤断为伪托。《天下》一篇,评较诸子,论者亦谓为后人订庄所作全书之后序。要之:读

庄子

庄子像 《三才图会》

(前369—前286),名周,字子休,一作子沐,蒙(今安徽蒙城,一说今河南商丘东北)人

庄至难，即已辨其真伪，苟不除其衍辞，订正错简，亦终睹其真面而莫由也。

一一四 ◎ * 略述老子与庄子之异同

崇尚自然，绝圣去智，此老庄之所同也。老子以"秉要执本，清虚以自守，卑弱以自持"，主无为而无不为；庄子则自信不争，始能胜敌，依乎天性、顺其自然，"委心任运，乘化以待尽"。此又老庄之所异也。

一一五 ◎ 杨朱有无著作，其主张如何？

杨朱字子居，或曰名戎。尝见老子，又与禽滑釐问答。与墨子、列子同时，尝见梁王，言治天下如运诸掌。又尝游鲁宋。据《列子·黄帝篇》，杨朱曾受教于老子。故陈沣谓杨朱为老子弟子。杨无著述，其学说今载《列子·杨朱篇》。

杨朱哲学之根本方法，在其"无名主义"。其学本于老子，老子谓："名，可名，非常名；无名天地之始，有名万物之母。"杨子言曰"实，无名，名，无实；名者，伪而已矣。"又曰："实者，固非名之所与也。"此种无名论之应用，因视一切名器礼文为人造虚文，遂认个人为重要，漠视人伦之关系，此杨氏人生哲学，"为我主义"之所自。"为我主义"绝非"损人利己"之谓，观夫其言"智之所贵，存我为贵，力之所贱，轻物为贱"，可知矣。氏又尝倡为悲观之论，每以人生苦多乐少，卒至贵贱贤愚同归于尽，良深叹惋。然氏虽厌世，而仍贵我；因贵我，故重养生。养生之道，唯求"药生""逸身"，不祈长寿；盖氏又深知"理无不死"也。

一一六 ◎ 法家共分几派？

近人陈柱分法家为五派：

（一）尚实派　李悝、管仲；

（二）尚法派　商鞅；

（三）尚术派　申不害；

（四）尚势派　慎到；

（五）大成派　韩非。

一一七 ◦ 商鞅有何著作？

商鞅著《商君书》，原书二十九篇，今存二十四篇。

一一八 ◦ 试述《韩非子》重要之篇名及其文章之价值

《韩非子》中最重要者为：

（一）《五蠹篇》，用物观法证明其法治主义；

（二）《显学篇》，对于儒墨两派施以攻击；

（三）《定法篇》，批评申商之学；

（四）《难势篇》，专驳慎到之势治主义；

（五）《问辩篇》，攻击惠施、公孙龙等名家；

（六）《孤愤篇》，述纯正法家与社会不相容之故；

（七）《说难篇》，研究发言之方法及效率。

《韩非子》文章之价值，唐宋以来文人多能言之。其文最长处在壁垒深严，能自立于不败之地以摧敌锋，非深于名法者，不能几也。

一一九 ◦ 墨子之重要学说有几？

墨子重要学说有十：（一）天志，（二）兼爱，（三）非攻，（四）明鬼，（五）非命，（六）节葬短丧，（七）节用，（八）非乐，（九）尚贤，（十）尚同。

一二〇 ◦ 何谓墨子之三表法？

墨子谓言必有三表：有本之者（上本之于古者圣王之事），有原之者（下原察百姓耳目之实），有用之者（发以为刑政，观其中国家百姓人民之利）。第一表述过去之实际应用；第二表注重耳目之经验，为科学之根本；第三表系指实际上之应用，最为重要。

一二一 ◦ 墨学有何派别否？

（一）《庄子·天下篇》："相里勤之弟子，五侯之徒，南方之墨者，苦获、已齿、邓陵子之属，俱诵墨经。"

（二）《韩非子》："自墨子之死也，有相里氏之墨，有相夫氏之墨，有邓陵子之墨。"

墨子

(前468—前376), 名翟, 宋国人。

《列仙全传》

一二二。《墨子》注释有何善本?

《墨子》注释以清人孙诒让之《墨子间诂》为最佳。

一二三。*儒、道、墨三家不同点,试举其要

据李石岑、夏曾佑说列下表(前三说李也,后一说夏也):

老子	孔子	墨子
专重艺术	注重功利,兼重艺术	专重功利
人物一体之宇宙观	人贵物贱之伦理观	人物各别之宗教观
以天无意志而主复命	不明天意而主知命	天有意志而主非命
于鬼神术数一切不取	留术数而去鬼神	留鬼神而去术数

一二四。《山海经》为何人所作?

《山海经》共十八篇,相传为禹益所作(郭璞传)。

据近人考证,山经五篇,为战国时作品,海内外经各四篇,为西汉时作,大荒四篇与海内经一篇为东汉以后作。此书绝非夏代散文。(见陆侃如著《中国文学史简编》)

一二五 ◎ 中国最古之诗歌总集为何书？

《三百篇》(《诗经》)为中国最古之诗歌总集。

一二六 ◎ 何谓《楚辞》？

《四库全书总目·集部·楚辞类》云:"裒集屈宋诸赋,名定《楚辞》,自刘向始也。"又于《楚辞章句提要》中云:"刘向裒屈原《离骚》《九歌》《天问》……"论者据此,皆谓《楚辞》之名,始自刘向。唯近人郑宾于考诸《七略》《汉志》,均无记载,王逸《楚辞章句叙》亦仅谓刘向典校经书,分为十六卷,而未尝言分《楚辞》为十六卷。且王逸《楚辞章句》现极风行,刘作则寂然无闻,遂断《楚辞》一名创于王逸。以屈宋诸骚,皆书楚语、作楚声、纪楚地、名

屈原

（前340—前278），名平，字原，又自云名正则，字灵均，楚国人

《故宫周刊》

楚物，故谓之《楚辞》。自屈原作品以下，宋玉、景差、唐勒之作，无不在内。所以命名者，因宋玉诸人同为楚产，作物又与屈原关系颇切之故，此则王逸之"集书创制"也。兹录两说于上，以俟学者之探讨焉。

一二七 ◦ * 试述《诗经》与《楚辞》之别

《诗经》与《楚辞》，虽同为先秦诗人之创作，而内容实多不同。以地域言：《诗经》为北方文学之代表，《楚辞》为南方文学之代表。以内容言：《诗经》主质实，《楚辞》重想象；《诗经》多写人事，《楚辞》多写神话。以形式言：《诗经》文辞质朴，《楚辞》语言华丽。总而言之，皆为中国文学两大渊源也。

一二八 ◦ 《九歌》是否屈原所作？

《九歌》厕身于辞赋之中，殆二千年，自昔文人，无不视为忠君之赋，初未尝以诗歌目之。近经学者多方考证，始知此为楚国民间祀神"巫歌"之一种，近于舞曲,王叔师、朱晦庵固早言及矣。此诗春秋时即已产生,几经蜕变;及至屈原,始加润色修饰,声调遂益谐适、嘹亮,词句遂益整饬。盖非经名手不能成为名著;然灵均之于《九歌》,初不似《离骚》之为其创作也。

一二九 ◦ 何谓《离骚经》?

王逸《离骚经序》曰:"离骚经者,屈原之所作也。离,别也;骚,愁也;经,径也。言已放逐别离,忠心愁思,独依道径,以风谏君也。《离骚》之文,依诗取兴,引类譬喻:故善鸟香草,以配忠贞;恶禽臭物,以比谗佞;灵修美人,以媲于君;宓妃佚女,以譬贤臣;虬龙鸾凤,以托君子;飘风云霓,以为小人。其辞温而雅,其义皎而朗。凡百君子,莫不慕其清高,嘉其文采,哀其不遇,而悯其志焉。"

一三〇 ◦ 《楚辞》中真正屈原作品皆为何篇?

(一)《离骚》;(二)《九章》(九篇);(三)《天问》。

一三一 ◎ 宋玉有何作品？

《汉书·艺文志》著录宋玉赋十六篇。今所传者有《九辩》《招魂》（以上二篇见《楚辞》），《风赋》《高唐赋》《神女赋》《登徒子好色赋》（以上四篇见《文选》），《笛赋》《大言赋》《小言赋》《讽赋》《钓赋》《舞赋》（以上六篇见《古文苑》）共十二篇。最可靠者唯《九辩》与《招魂》，其余多疑出于后人所伪托。

中华文化之繁盛

（秦汉）

丁编

一三二 ◎ * 中华文化之统一

《礼记·中庸》:"子曰:愚而好自用,贱而好自专。生乎今之世,反古之道。如此者,灾及其身者也。

"非天子不议礼,不制度,不考文。今天下车同轨,书同文,行同伦。虽有其位,苟无其德,不敢作礼乐焉。虽有其德,苟无其位,亦不敢作礼乐焉。

"子曰:吾说夏礼,杞不足征也。吾学殷礼,有宋存焉。吾学周礼,今用之,吾从周。"则我国历史上之"车同轨,书同文,行同伦",其首在西周。

至东周礼崩乐坏,战国天下大乱,秦始皇始重新收拾四海之内。《史记·秦始皇本纪》:"一法度衡石丈尺,车同轨,书同文字。"此"一"与"同"同义,即"统一"。

秦始皇（前259—前210），嬴姓，赵氏，名政

秦始皇帝

《三才图会》

一三三 ◦ ＊ 焚书坑儒

焚书坑儒，又称"焚诗书，坑术士（一说述士，即儒生）"，西汉之后称"焚书坑儒"。秦始皇三十四年（前213年）焚书，始皇三十五年（前212年）坑儒——坑杀"犯禁者四百六十余人"。

"焚书坑儒"，见《史记·儒林列传》："及至秦之季世，焚诗书，坑术士，六艺从此缺焉。"又《史记·秦始皇本纪》扶苏云："天下初定，远方黔首未集，诸生皆诵法孔子，今上皆重法绳之，臣恐天下不安，唯上察之。"孔安国《尚书序》亦言："及秦始皇灭先代典籍，焚书坑儒，天下学士逃难解散。"刘向《战国策序》："任刑罚以为治，信小术以为道。遂燔烧诗书，坑杀儒士。"

一三四 ◦ ＊ 独尊儒术

汉武帝建元元年（前140年），丞相卫绾奏言："所举贤良，或治申、商、韩非、苏秦、张仪之言，乱国

汉武帝

(前156—前87),刘彻,西汉第六帝

汉武帝像 《三才图会》

政,请皆罢。"武帝从其议。元光元年(前134年)武帝召集各地贤良方正文学之士到长安,亲自策问。董仲舒对策谓:"诸不在六艺之科孔子之术者,皆绝其道,勿使并进。"武帝从之,儒术遂举为正统思想,而道家等诸子学说则遭到贬黜。自是,儒家思想遂启"牢笼百代"之局面。

一三五 ◦ 何谓《七略》?

汉成帝时,命刘向检校秘书,向辄论其指归,辨其讹谬,叙而奏之。向卒后,哀帝复使其子歆嗣父之业。歆遂总括群篇,撮其指要,著为《七略》:一曰辑略,二曰六艺略,三曰诸子略,四曰诗赋略,五曰兵书略,六曰术数略,七曰方技略。为后世目录学之开山。

一三六 ◦ 何谓四部?

晋荀勖作《经薄》,分群书为甲、乙、丙、丁四部:六艺、小学为甲部;诸子、兵书、术数为乙部;史记及其他记载为丙部;诗、赋、图、赞为丁部。李充重分四部，以五经为甲部，史记为乙部，诸子为丙部，词赋为丁部。四部经、史、子、集之次序，至此乃确定。

一三七 ◦ 试述《隋书·经籍志》之群书分类法

经部十类：易、书、诗、礼、乐、春秋、孝经、论语、图纬及小学。

史部十三类：正史、古史、杂史、霸史、起居注、旧事、职官、仪注、刑法、杂传、地理、谱系及簿录。

子部十四类：儒家、道家、法家、名家、墨家、纵横家、杂家、农家、小说家、兵法、天文、历数、五行及医方。

集部三类：楚辞、别集及总集。

附录：道家：经、戒、符、箓；佛家：经、律、论、疏。（此为正式采用经、史、子、集分类之始）

经学

一三八 ◦ ＊ 何谓经？

经之名，初见《庄子》。《白虎通》训"经"为常，有五常之道，故曰五经。即所谓《诗》以道治，《书》以道事，《礼》以道行，《乐》以道和，《易》以道阴阳也。又有所谓仁属《乐》，义属《书》，礼属《礼》，智属《易》，信属《诗》者。皆不免近泥。

《中庸》："唯天下至诚，为能经纶天下之大经，立天下之大本。"是经有经纶天下之义。《周礼·天官·太宰》亦有"以经邦国"之谓也。

近人有将经学与佛经、《圣经》混为一谈者，殊未适当，因佛经、《圣经》之经学，乃译者随意引用之词，绝非与原意相符，且经学既不含宗教之意味，又何得与宗教混为一谈？（据章炳麟说）

一三九 ◦ ＊ 何谓纬书？

"纬书"为依托经义，言符箓瑞应之书。有《易纬》

《书纬》《诗纬》《礼纬》《乐纬》《春秋纬》《孝经纬》七种,号称"七纬";托名为孔子所作,实则始于西汉哀平之际。按胡应麟云:"谶纬之说,盖起于河洛图书;当西汉末,符命盛行,俗儒益增,舛讹日繁。其学自隋文二主禁绝,世不复传。稍可见者,唯类书一二援引,及诸家书目具名而已。"(《四部正讹》)

一四〇 ◦ * 试述汉儒如何传经

古籍自遭秦火燔灭,经传几已灭绝。汉兴,遂使人求秦时博士及遗老,如伏胜等,分别传授,经传始部分恢复。

汉儒乃一代之新儒,以传经言治为业,与先秦诸儒之以明道作人为倡者,畸轻畸重之间已有不同。先秦儒在汉儒心目中,亦属百家言。汉儒传经,乃即所谓王官之学,一则主张于朝廷,一则兴起于田野,其为不同,显然可知。(详钱穆《先秦儒至汉儒的流变》)

一四一 ◦ * 经学有何派别否?

经学分为三派:

（一）西汉今文学，偏重微言大义；

（二）东汉古文学，偏重名物训诂；

（三）宋学，偏重理欲心性之研究。

一四二 ◎ 何谓汉学？

汉学，治经之学也。其长处在求名训诂度数，而失之苛碎。治经者必宗汉学，而汉学亦有辨：西汉今文专明大义微言，其学极精而有用；东汉杂古文，多详章句训诂；西汉多专一经，罕能兼通，笃守遗经，罕有撰述，章句略备，文采未彰。故经学西汉不及东汉之盛。马融、郑玄、王肃皆汉学家之著名者也。

一四三 ◎ * 试述经今古文学派有何不同

经今古文学派之显著不同点如下：

经 今 文	经 古 文
崇奉孔子	崇奉周公
尊孔子为受命之素王	尊孔子为先师

续　表

经　今　文	经　古　文
视孔子为哲学家、政治家、教育家	视孔子为史学家
以孔子为托古改制	以孔子为信而好古、述而不作
以六经为孔子作	以六经为古代史料
为经学派	为史学派
经之传授多可考	经之传授多不可考
西汉皆立于官学	西汉多行于民间
盛行于西汉	盛行于东汉
斥古文经传为刘歆伪作	斥今文经传为秦火残缺之余
今存《仪礼》《公羊》《穀梁》及《小戴礼记》《大戴礼记》《韩诗外传》	今存《毛诗》《周礼》《左传》
信纬书以为孔子微言大义间有存者	斥纬书为诬妄

一四四 ○ 试述秦书之八体

《说文解字序》云："秦书有八体：一曰大篆，二曰小篆，三曰刻符，四曰虫书，五曰摹印，六曰署书，七曰殳书，八曰隶书，此之谓秦八体。"

一四五 ◎ 何谓"章草"?

凡草书分波磔者名"章草",非此者,但谓之草。犹古隶书之生今正书,故"章草"当在草书先。然本无"章"名,因汉建初中杜操(伯度)善此书,帝称之,故后世目焉。又有谓汉朝或用草书作章奏,因有"章草"之名。其字体字字区别,不相牵连。一说汉元帝时,黄门令史游作《急就章》,解释隶体,"章草"之名,实始于此。

一四六 ◎ 何谓"新莽六体"?

新莽摄政,力求复古,另创书法六体,与秦之八体稍有出入:

(一)古文(孔壁中书);

(二)奇字(即壁中古文之异体);

(三)篆书(即小篆);

(四)缪篆(即摹印);

(五)鸟虫书(即书幡);

(六)左书(即隶书)。

一四七 ◎ 何谓"八分书"?

"八分书"起于汉之蔡邕。蔡琰述其父之言曰:"割程隶字八分取二分,割李篆字二分取八分。"清姚鼐云:"蔡邕嫌世俗隶书苟简谬误,正以六书之义,取于篆隶之间,是谓八分。盖所争者,在笔画繁简得失之殊,而不在体势波磔之辨。其谓之八分者,既为隶体,势不容尽含篆理,略用其七八分耳。"

一四八 ◎ 《说文解字》之作者为谁?

研究文字学,多以《说文解字》为主。《说文》原本为后汉许慎所作,为唐李阳冰所乱,久已不可得见。即李阳冰改本,亦早已佚失。今《说文解字》传本最古者,仅有徐铉之《说文解字》三十卷,及徐锴著之《说文解字系传》四十卷。世称大徐、小徐,宋扬州广陵人。

史学

一四九 ◦ * 何谓史？

《说文》："史，记事者也，从又持中，中正也。"刘知几云"达道义、彰法式、通古今、著功勋、表贤能、叙沿革、明罪恶、旌怪异"，则示作史者以标准也。

一五〇 ◦ * 史体大别有几种？

史体大别有三：曰正史（即纪传体，以人为主），曰编年（以时为主），曰纪事本末（以事为主）。其他如别史、杂史等，虽亦属其体制，要非体之正也。

史体可详分为八类：

（一）正史（如"二十四史"）；

（二）编年（如《资治通鉴》）；

（三）纪事（如《通鉴纪事本末》）；

（四）别史（如《通志》）；

（五）杂史（如《国语》《战国策》）；

（六）传记（如《孔子编年》）；

（七）目录（如《崇文目录》）；

（八）史评（如《史通》《文史通义》）。

一五一 ○ * 正史皆为何书？

正史者，乃史籍之正宗。旧称《史记》《汉书》《后汉书》《三国志》《晋书》《宋书》《南齐书》《梁书》《陈书》《魏书》《北齐书》《周书》《隋书》《南史》《北史》《旧唐书》《新唐书》《旧五代史》《新五代史》《宋史》《辽史》《金史》《元史》《明史》为"二十四史"；益以《新元史》，则为"二十五史"。其作者、卷次如下表：

书名	作者	卷数
《史记》	汉·司马迁	百二十卷
《汉书》	汉·班固	百二十卷
《后汉书》	南朝宋·范晔	百二十卷
《三国志》	晋·陈寿	六十五卷

续 表

书名	作者	卷数
《晋书》	唐·房玄龄	百三十卷
《宋书》	梁·沈约	一百卷
《南齐书》	梁·萧子显	五十九卷
《梁书》	唐·姚思廉	五十六卷
《陈书》	唐·姚思廉	三十六卷
《魏书》	北齐·魏收	百二十四卷
《北齐书》	唐·李百药	五十卷
《周书》	唐·令狐德棻	五十卷
《隋书》	唐·魏徵	八十五卷
《南史》	唐·李延寿	八十卷
《北史》	唐·李延寿	一百卷
《旧唐书》	后晋·刘昫	二百卷
《新唐书》	宋·欧阳修	二百二十五卷
《旧五代史》	宋·薛居正	百五十二卷
《新五代史》	宋·欧阳修	七十五卷
《宋史》	元·托克托	四百九十六卷
《辽史》	元·托克托	百十六卷
《金史》	元·托克托	百三十五卷
《元史》	明·宋濂	二百十卷
《新元史》	清·柯劭忞	三百卷
《明史》	清·张廷玉	三百三十六卷

《史记》《汉书》《后汉书》《三国志》称"四史"。唐初以《三国志》《晋书》《宋书》《南齐书》《梁书》《陈书》《魏书》《北齐书》《周书》及《隋书》为"十史"。唐中叶,复加《史记》《汉书》《后汉书》三史,成"十三史"。宋人补入《南史》《北史》《新唐书》《新五代史》,为"十七史"。元代则加《宋史》为"十八史"。明人更加入《辽史》《金史》《元史》,成"二十一史"。清代复加入《明史》,成为"二十二史"。乾隆时,下诏令增刘昫《唐书》(即《旧唐书》)为"二十三史"。其后自《永乐大典》中辑出薛居正《五代史》(即《旧五代史》),是为"二十四史"。民国开明书店影印《二十四史》,又加入柯劭忞《新元史》,称为"二十五史"。

诸史考证有清王鸣盛《十七史商榷》、钱大昕《二十二史考异》及赵翼《廿二史札记》为名作。

一五二。《史记》之作者及内容

西汉司马迁撰。凡十二本纪,十表,八书,三十世家,七十列传,都百三十篇。《汉书本传》称其十篇

司马迁

（前145—前86），字子长，左冯翊夏阳（今陕西韩城南）人

《三才图会》

像遷馬司

缺，有录无书，张晏注以为迁没之后，亡《景帝本纪》《武帝本纪》《礼书》《乐书》《律书》《汉兴以来将相年表》《日者列传》《三王世家》《龟策列传》《傅靳列传》。刘知几《史通》则以为十篇未成，有录而已。今考《日者》《龟策列传》，并有"太史公曰，褚先生曰"，是为补缀残稿之明证。相传多为褚少孙所补。（梁任公之《要籍解题及其读法》考证极详。）《史记》注者颇多，以宋裴骃之集解、唐司马贞之索隐、张守节之正义为最著。

一五三 ◎ 《汉书》之作者及内容

东汉班固继其父业，作《汉书》一百二十卷。盖《史记》终于汉武，自太初以下，阙而不录。班彪因之，演成后记，以续前篇。固乃断自高祖，尽于王莽，凡二百三十年，为十二纪，十志，八表，七十列传，勒成一史，目为《汉书》。其文体全仿龙门旧例。但不为世家，改书曰志而已。自汉高以至汉武，凡六世之纪传，皆录《史记》原文，亦间有损益。固死，妹昭继成之，内八表、天文志，昭所补也。《汉书》有唐颜师古注、清王先谦补注。此书为中国第一部断代史。

一五四 ◦ 《后汉书》之作者及内容

《后汉书》,南朝刘宋宣城太守范晔撰。凡百二十卷:十帝后纪,八十列传;三十志,取晋司马彪撰补。唐章怀太子贤与刘讷言、格希元注。

子学

一五五 ◦ * 何谓子书?

凡著书立说成一家言者曰子书。纪昀曰:"自六经以外立说者皆子书也。"

一五六 ◦ 《淮南子》为何人所作?其书如何?

《淮南子》,为汉淮南王刘安宾客所共著之书,凡二十一卷。杂取各家之言,无中心思想。唯其宇宙论较

帛书图

马王堆帛书《老子》

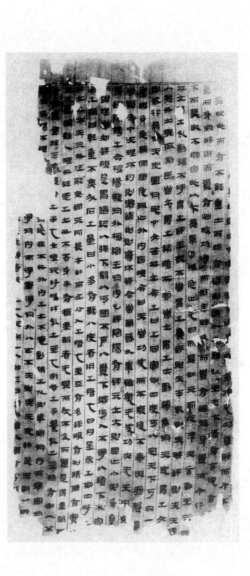

以前哲学家所讲为详明。《汉志》有内外篇。今所传二十一篇,其内篇也。号《淮南鸿烈解》,亦称《淮南子》。高诱谓"其旨近老子,淡泊无为,蹈虚守静"。扬雄谓"其文一出一入,字字百金"。高似孙以为"淮南之奇,出于《离骚》,其放得于庄列,议论错于不韦之流,精好者又如《玉杯繁露》之书"。(《春秋繁露》有《玉杯篇》——今按)

一五七 ◎ 扬雄所著《法言》共若干卷,各卷篇名为何?

扬雄(子云)上拟《论语》著《法言》,共十三卷:曰学行,曰吾子,曰修身,曰问道,曰问神,曰问明,曰寡见,曰五百,曰先知,曰重黎,曰渊骞,曰君子,曰孝至。篇末附《法言序》一篇,盖子云自序其各篇之大略也。

一五八 ◎ 《论衡》一书,何人所著?其著书之旨趣可得言欤?

《论衡》为东汉王充(仲任)之作,凡三十卷,八十五篇（阙招致篇），二十余万言。著书本旨，详于《自纪》一篇。论衡者，论之平也；口则务在明言，笔则务在露文。盖内伤时运之坎坷，外愤世俗之诈伪；故不惜讥讪孔孟，尊崇老子。持论时有诡激，不免露才扬己；然划虚黜靡，破除迷信，反抗不屈，以科学精神为哲学之方法，亦足以订讹砭俗，转移一代风气，其功固不可没已！

一五九 ◎ 两汉三国时代之子书，能列举数种否？

两汉三国之子书，其可称者，实繁有徒：扬雄撰《法言》《太玄》，贾谊撰《新书》，刘向撰《新序》《说苑》，桓宽撰《监铁论》，刘安撰《淮南子》，应劭撰《风俗通义》，荀悦撰《申鉴》，王充撰《论衡》，徐干撰《中论》，王符撰《潜夫论》，孔鲋撰《孔丛子》，陆贾撰《新语》，诸葛亮撰《心书》。

一六〇 ◎ 何谓别集？

《隋书·经籍志》：别集之名，盖汉东京之所创。自

董仲舒

(前179—前104),广川(今河北景县)人

《三才图会》

灵均以降，属文之士众矣；然其志尚不同，风流殊别；后之君子，欲观其体势，而见其心灵，故别聚焉，名之为集。

一六一 ◦ 何谓总集？

总集之名，系对于别集而言。汇录一人之诗文，是为别集；汇录多人之诗文，是为总集。

一六二 ◦ 虞初为何种人？

虞初，汉河南人，为武帝小吏，衣黄乘軿，采访天下异文异事。《汉书·艺文志》载《虞初周说》，为中国小说家之祖。张衡《西京赋》云："小说九百，本自虞初。"

一六三 ◦ 汉代小说除《虞初周说》外，尚有何书？

（一）《神异经》一卷　汉·东方朔撰；
（二）《海内十洲记》一卷　汉·东方朔撰；

（三）《汉武故事》一卷　汉·班固撰；

（四）《汉武内传》一卷　汉·班固撰；

（五）《别国洞冥记》四卷　后汉·郭宪撰；

（六）《飞燕外传》一卷　汉·伶玄撰；

（七）《杂事秘辛》一卷　不著撰人名氏；

（八）《吴越春秋》六卷　汉·赵晔撰；

（九）《越绝书》十五卷　汉·袁康撰。

文学

一六四 ◎ ＊ 试略述文学之定义

文学为人生之最高享受，亦为人生最高理想之映现。此为知者言，其不知者，不足与言也。

文学乃人生之表现与批评，经过感情之宣达，思想之控驭，想象之驰骋，以艺术形式表现之，能使人类受极深之感染与触动，以真善美之表现为极诣，是为文学也。

一六五 ◎ * 文学之要素为何？

文学之要素有四：曰感情，曰思想，曰想象，曰形式。

文学创作以感情为君，思想为臣，想象为佐，形式为使；感情与想象以真为期，思想以善为的，形式则以美为归。必也，君臣佐使各如其分，真善美浑同如一，始可谓为臻于创作之极诣。

一六六 ◎ * 何谓赋？

赋原为《诗》六艺之一，班固《两都赋序》曰："赋者，古诗之流也。"《汉书·艺文志》谓："不歌而诵谓之赋。"刘彦和《文心雕龙》云："赋也者，受命于诗人，拓字于《楚辞》也。"以赋之源出《楚辞》。

《文心雕龙》又云："赋，铺也。铺采摛文，体物写志也。"皇甫谧《三都赋序》："赋也者，所以因物造端，敷宏体理。"陆机《文赋》："赋体物而浏亮。"是皆阐述赋之为体也。

一六七 ◎ * 秦代唯一之文学家为谁？

秦代唯一文学家当推李斯。其为文辞藻瑰丽，气魄宏大。如《泰山》《之罘》《碣石》《会稽》《琅琊》诸石刻，原本《雅》《颂》，有如浑金璞玉，盖纯然北方文学之色彩也。

一六八 ◎ 赋有几种？

（一）古赋（两汉） 两汉之赋，虽丽以淫，然尚不失古意。即发乎情，止乎礼义。

（二）俳赋（六朝） 潘陆之徒，着重技巧，尚辞藻而失文情。故外形虽极典丽，而缺少使人兴奋之活力。

（三）律赋（唐） 此体始于沈约之四声八病，受徐庾影响尤深。唐代以赋取士，仅重平仄协调、对偶精工，内容则未遑顾及。

（四）文赋（宋） 宋人用散文之法作赋，专门抒情说理，而不拘泥于字句。如欧阳修之《秋声赋》、苏轼之

峄山碑图

原碑为李斯撰文并书

皇帝立国维劫

讨伐乱逆威动

杜普□王世称

四极□义贞方

《赤壁赋》是也。论者谓降赋之正体。（以上为明人李时勉《文体明辨》之分类，注重古今沿革，颇具只眼。）

一六九 ◎ 汉初辞赋两大家何名？

（一）贾谊　著《吊屈原赋》《鵩鸟赋》；
（二）枚乘　著《七发》等。

一七○ ◎ 西汉辞赋家最杰出者为谁？

（一）司马相如　著《子虚赋》《大人赋》《封禅义》等。
（二）扬雄　著《甘泉赋》《羽猎赋》《长杨赋》等。

一七一 ◎ 扬雄为文皆模仿何书？

扬雄仿《周易》作《太玄》，仿《论语》作《法言》，仿仓颉作《纂训》，仿虞箴作《州箴》，仿《离骚》作《广骚》，作赋则仿司马相如。

一七二 ◦ 东汉辞赋家最著者为谁？

（一）班固　著《两都赋》；
（二）傅毅　著《洛都赋》《七激》；
（三）张衡　著《二京赋》《舞赋》。

一七三 ◦ 古代文人而兼天文家者为谁？

古代文人而兼天文家者为东汉张衡。衡作浑天仪，著《灵宪》《算罔论》，后造候风地动仪，作赋乃其余事也。崔瑗撰衡之碑文曰："数术穷天地，制作侔造化。"（《河间相张平子碑》）

一七四 ◦ 蔡邕中郎长于何种文字？

蔡中郎，汉末一大家也。旷世逸才，学无不精。其所为文，以墓志与碑铭为尤长，殆居其全集之半。刘勰评邕"铭思独冠古今"（《文心雕龙·铭箴篇》）；又谓："后汉以来，碑碣云起，才锋所断，莫高蔡邕。"（《文心雕龙·诔碑篇》）

一七五 ◎ "乐府"之名起于何代？

汉武帝立乐府，采诗夜诵，以李延年为协律都尉，举司马相如等数十人，造为诗赋，作《郊祀之歌》十九章，使童男女七十人歌之，乐歌皆有节奏。乐府之名，实始于此。

一七六 ◎ 乐府之流派如何？

赵秋谷区乐府之流派为七种，合明李西涯之体而为八焉：（一）制诗协乐；（二）采诗入乐；（三）古有此曲，倚其声为诗；（四）自制新曲；（五）拟古；（六）咏古题；（七）杜少陵之新题乐府；（八）咏史乐府。前二者，乐府之权舆；后六者，乐府之旁支也。

一七七 ◎ 五言古诗起于何人？

五言古诗之起源，旧说有李陵、枚乘两种。任昉《文章缘起》谓五言诗创于苏（武）、李（陵）；钟嵘

《诗品》亦云："逮汉李陵，始著五言之目。"后人以《汉书·艺文志》不录苏李赠答诗，疑为伪托，此说遂失根据。据徐陵《玉台新咏》，则五言诗始自枚乘；徐题《古诗十九首》中之《西北有高楼》《东城高且长》《行行重行行》《涉江采芙蓉》《青青河畔草》《庭中有奇树》《迢迢牵牛星》《明月何皎皎》八首为枚乘作，此诗实远在苏、李之前，此枚说之由来也。据近人考证，则文人作诗，实始于东汉。汉成帝时之童谣及班固《咏史诗》，殆为最早之作品。

一七八 ◦ 七言诗始于何时？

汉武帝元封三年作柏梁台，诏群臣二千石有能为七言诗者，乃得上坐。人各一句，句皆用韵；仿其体者，为"柏梁体"，是为七言诗之祖。

一七九 ◦ 汉代乐府最著名者皆为何篇？

（一）《十五从军征》，（二）《上山采蘼芜》，（三）《孤儿行》，（四）《妇病行》，（五）《东门行》，

(六)《羽林郎》，(七)《陌上桑》，(八)《孔雀东南飞》，(九)《木兰辞》。

一八〇 ○ 《古诗十九首》作者何人？

关于《古诗十九首》之作者，说极纷纭。徐陵于萧统所选十九首中指出《青青河畔草》以下八首为枚乘所作，而复益入《兰若生阳春》一首题为枚乘杂诗，又以《驱车上东门》一首为乐府杂曲，《冉冉生孤竹》以下四首为古诗。刘彦和则谓《冉冉生孤竹》一篇为傅毅之作。钟嵘《诗品》云："古诗其源出于《国风》。陆机所拟十四首，文温以丽，意悲而远，惊心动魄，一字千金；其外'去者日以疏'四五首，虽多哀怨，颇为总杂，旧疑是建安中曹王所制。……人代冥灭，而清音独远，悲夫！"《文选》注者李善，对此诗亦深致怀疑之意；其言曰："五言并云古诗，盖不知作者，或云枚乘，疑不能明也。诗云：'驱车上东门'，又云：'游戏宛与洛'，此则辞兼东都，非尽是乘明矣。"后人随声附和，异说蜂起。唯沈德潜《说诗晬语》独云："《古诗十九首》，不必一人之辞，一时之作。大率逐臣、弃妻、朋友阔绝、游子他乡、死生新故之感。或寓言，或显言，或反覆言。初无奇僻之思，惊险之句。而西京古诗皆在其下。"吾人殊不能不服其卓识也。

一八一 ◎ * 汉代叙事诗最长者为何篇？

为《孔雀东南飞》，沈归愚谓："共一千七百八十五字，古今第一首长诗也。淋淋漓漓，反反覆覆，杂述十数人口中语，而各肖其声音面目，岂非化工之笔？"（《古诗源》）

一八二 ◎ 何谓长短句？

长短句，即乐府之杂言也。周颂、汉歌已启其源。天籁所发，初无定谱，低昂合节，错落不齐；要以表其变化之美。汪森曰："自有诗而长短句即寓焉，南风之操、五子之歌是已。周颂三十一篇，长短句居十八，汉郊祀歌十九篇，长短句居其五；至短箫铙歌十八篇，皆长短句，谓非词之源乎？"（《词综序》）

一八三 ◎ 何谓歌、行、引、曲、吟？

李时勉《文体明辨》："按乐府命题，名称不一：盖自琴曲之外，其放情长言，杂而无方者曰歌；步骤驰骋，疏而不滞者曰行；兼之曰歌行。述事本末，先后有序，以抽其臆者曰引；高下长短，委曲尽情以道其微者曰曲；吁嗟慨歌，悲忧深思，以呻其郁者曰吟。"

一八四 ◎ 小说之名，于中国旧籍中，最早见于何书？

"小说"之名，初见于《庄子·外物》："饰'小说'以干县令。"第谓琐碎之言，非道术所在，与后之小说，截然二致。桓谭《新论》谓："小说家合残丛小语，近取譬喻，以作短书，治身理家，有可观之辞。"始与吾人所言小说近似。至班固《汉书·艺文志》，乃正式论及小说，列为十家之一；虽居之篇末，然亦未始非引起后世从事此道之由来也。

中华文化之融合

(魏晋南北朝)

戊编

经学

一八五 ◎ 何谓四声？为何人所创？

"四声"为在同一声韵中，音长（长短），音节（高低），音势（强弱）三种变化相乘之结果。即"平上去入"，亦即"声""韵"同一之音，因音调不同而生之四种差别也。如"巴""拔""靶""罢"四字，皆为ㄅ（b）ㄚ（a）拼合之音；然就四声言之，遂有平上去入之不同。此为梁沈约所创。

我国语文之音，上古仅有平与入。周初有上声，三国之末始有去声，元代北音始缺入声而有阳平。此据西人艾德金氏所著《北京官话文典》云然，可略得中国语文四声渐增之迹。陈寅恪《四声三问》："中国语之入声皆附有 K、P、T 等辅音之缀尾，可视为一特殊种类，而最易与其他之声分别；平、上、去则其声响高低相互距离之间虽有分别，但应分别之为若干数之声，殊不易定。故中国文士依据及摹拟当日转读佛经之声，分别定为平、上、去之三声，合入声共计之，适为四声。于是创为四声之说，并撰作声谱，借转读佛经之声调，应用于中国之美化文。此四声之说所以成立，及其所以适为四声，而不为其他数声之故也。"

一八六 ◎ 试述古四声与今四声之差异

我国幅员广阔，南北绝限，言殊于世，语异于代者，自不能免。自来声韵一科，最易淆乱。陆法言《切韵序》有云："吴楚则时伤清浅，燕赵则多伤重浊，秦陇则去声为入，梁益则平声似去。"知其时各地言殊者若此。

《康熙字典》卷首载《分四声法》云：

> 平声平道莫低昂，
>
> 上声高呼猛烈强，
>
> 去声分明哀远道，

入声短促急收藏。

文辞俭薄，陋儒所为，以今例古，的是瞽说。约当我国唐代时，日本国延历寺沙门安然撰《悉昙藏》，其卷五探讨中土语音甚详，有云："平声直低、有轻有重。上声直昂、有轻无重。去声稍引、无轻无重。入声径止、无内无外。平中怒声、与重无别。"则庶几近之。今试以之略申论之，如下：

平声　为降调之长音，近似今之去声（四声）；
上声　为平调之高音，近似今之阳平（二声）而调平；
去声　为平调之中音，近似今之阴平（一声）而调中；
入声　为降调之顿音，声促而气回，今之四声无所比拟。

据知中古四声与今之四声迥异，为读唐宋以前诗文，不可不知者也。此系专门之学，其详说，则待另为专著，以申拙论云。

一八七 ◦ 何谓反切？

"反切"为一种拼音法。一音化二为"反"，二音合一为"切"。其法为,如欲说明某字之音,即取与彼发音相同之字(双声),为切语上一字,另取与其收音相同之字(叠韵)为切语下一字,将两音结合,遂得所欲说明之字音读。如:"邕",于容切。"于""邕"同为影声(y),"容""邕"同为东韵(ong)。

一八八 ◎ 魏晋六朝有何音韵之著作否?

(一)魏·李登著《声类》;
(二)晋·吕静著《韵集》;
(三)齐·周颙著《四声切韵》;
(四)梁·沈约著《四声谱》。

史学

一八九 ◎ 《三国志》之概略

《三国志》,晋陈寿撰。凡六十五卷:魏志三十卷,蜀志十五卷,吴志二十卷;名则志而体则传也。刘宋裴松之注。

关羽 (160—220)，字云长，河东解县（今山西运城）人 《石画历代圣贤像》

一九〇 ◦ 《晋书》之概略

《晋书》，唐房玄龄等撰。贞观中，以何法盛等十八家虽存记注，而才非良史，乃敕玄龄与褚遂良等重撰。预其事者，二十一人。自是言晋史者，皆弃其旧本，竞从新书，修史出于众手，自《晋书》始。太宗并自为宣武纪与陆机、王羲之二人传论，故原本题唐太宗文皇帝御撰。凡百三十卷，共为帝纪十，志二十，列传七十，载记三十。载记则记胡羯氐羌鲜卑十六国事者，缺前凉、西凉。又《音义》三卷，唐何超撰。

一九一 ◦ 《宋书》之概略

《宋书》百卷，凡帝纪十卷，志三十卷，列传六十卷。齐永明中沈约奉敕撰。今题曰梁沈约撰，以约仕终于梁，从《隋书·经籍志》之旧也。当时作史者有何承天、苏宝生、徐爰之辈。何不但擅长文史，且精于星历，惜其年不永；而天文、律历两志犹出承天之手。苏、徐以后，大端毕备，沈约不过因人成事耳。成史太速，为期不过一年，前无古人，论者非之。

一九二 ◎ 《南齐书》之概略

《南齐书》,梁萧子显撰,凡五十九卷:八纪,十一志,四十列传。志天文,但记灾祥;志州郡,不著户口;祥瑞五行,附会图谶。事多伪造,辞尚溢美。

一九三 ◎ 《梁书》《陈书》之概略

梁史官姚察仕于陈,官至吏部尚书。隋高祖叩以梁陈史事,因为书,未就而卒。子思廉能世其学,唐武德、贞观间,诏思廉与魏徵同撰《梁书》《陈书》。《梁书》,凡五十六卷:六本纪,五十列传。《陈书》三十六卷:六本纪,三十列传。未作表志,为其缺憾。

一九四 ◎ 《魏书》之概略

《魏书》,北齐魏收撰。凡百二十四卷:十二纪,九十二列传,十志。收恃才轻薄,有"惊蛱蝶"之称。收之书为世诟厉,号为"秽史"。创释老一志,犹《史

诸葛亮(181—234),字孔明,琅琊阳都(今山东临沂市沂南县)人 《故宫周刊》

记》之《封禅书》，说者谓不宜溷之正史。

一九五 ◎ 《北齐书》之概略

《北齐书》，唐李百药撰。共五十卷，帝纪八，列传四十二。百药承其父德林之业，纂辑此书。北齐立国本浅，文宣以后，纲纪败坏，兵事俶扰。其倚任为国者，亦鲜始终贞亮之士，供史笔之发挥。文章之萎靡，节目之丛脞，固由于史才、史学，不及古人，要亦其时代之局限也。

一九六 ◎ 《周书》之概略

《周书》，唐令狐德棻撰。凡五十卷：本纪八，列传四十二。德棻建议修梁、陈、周、齐、隋五史，而本人专领《周书》，与岑文本、陈叔达、崔仁师、唐俭修成之。

一九七。《水经注》及《洛阳伽蓝记》作者何人？

(一)北魏·郦道元作《水经注》；
(二)北魏·杨衒之作《洛阳伽蓝记》。

子学

一九八。《颜氏家训》为何人所作？

《颜氏家训》为北齐颜之推所作。家训言居家之道，以垂训子孙。不外乎立家、处事、立德、修身者。古之欲以家训训子孙，必先有家风，欲有家风，必先有家规，欲有家规，必先有家教，欲有家教，必先有家世，欲有家世，必先有家祭，家祭则在孝悌诚敬也。隋唐而上，官有簿状，家有谱系，官之选举必由于簿状，家之婚姻必由于谱系。职是之故，贵族特重世系，除国姓外，豪门巨族皆以门第相高。故家谱、家训之风颇甚也。

一九九 ◎＊试述佛教之传入

东汉明帝于永平八年（65年）赐楚王英诏言其"尚浮屠之仁祠，洁斋三月，与神为誓"，可见当时已有佛教传入。此后二三百年，佛教之影响愈大，魏晋之清谈，为决受佛教影响者。至唐人遂有"南朝四百八十寺，多少楼台烟雨中"（杜牧《江南春》）之叹。佛教自汉传入后，至六世纪渐次演为本土佛教。七世纪玄奘入竺，印度佛教已现衰兆；八世纪伊斯兰教侵入，九世纪又遭婆罗门之迫害，佛教在印度本土遂亡。七世纪中叶，佛教由中土及印度传入西藏，是为藏传佛教。

二〇〇 ◎＊佛教典籍可举出数部否？

清同治年间吴坤修居士选编《释氏十三经》，包括：
（一）华严部之《圆觉经》《梵网经》；
（二）方等部之《维摩诘所说经》《首楞严经》《楞伽经》《无量寿经》《观无量寿经》；
（三）般若部之《金刚经》《心经》；

佛指舍利 | 法门寺地宫所出

（四）法华部之《妙法莲华经》；

（五）小乘部之《四十二章经》《八大人觉经》《佛遗教经》。

二〇一 ◦ 试举两晋南北朝之神怪小说

两晋南北朝神怪小说如下：

书名	卷数	作者
《拾遗记》	十卷	东晋·王嘉
《搜神记》	二十卷	东晋·干宝
《搜神后记》	十卷	东晋·陶潜（？）
《异苑》	十卷	南朝宋·刘敬叔
《续齐谐记》	一卷	南朝梁·吴均
《述异记》	二卷	南朝梁·任昉（？）
《还冤志》	一卷	北朝齐·颜之推

二〇二 ◦ 《世说新语》为何人所作？

《世说新语》凡八卷，为刘宋刘义庆所撰，所录皆逸事奇闻，注重人事记载。

二〇三 ◦ * 何谓书法?

书法,即学书之法也。汉蔡中郎(邕)著《九势》,创学书之法。晋卫夫人更作《笔阵图》,甚有名。王羲之特推崇之,故杜甫诗有:"学书初学卫夫人,但恨无过王右军。"(《丹青引赠曹将军霸》)学书之法,在乎一心,心能转腕,手能转笔。大抵执笔欲紧,运笔欲活;手不主运而以腕运,腕虽主运而以心运。右军曰"意在笔先"者,此言法也。古人笔下有由,从不虚发。今人好溺偏固,任笔为体,恣意挥运,以小知而自炫新奇,以意足而不顾颠错,究于古人之妙境,茫无体识,又安望其升魏晋之堂乎?

文学

二〇四 ◦ * "文""笔"如何分别?

晋人分"文章"为"文""笔"二种,凡"事出于

王羲之

（303—361，一作321—379），字逸少，琅琊临沂（今属山东）人，后迁会稽山阴（今浙江绍兴）

明陈洪绶绘

中秋帖

[晋]王献之书

沉思，义归于翰藻"（昭明太子《文选序》）者曰"文"，其余归于理知之记载文章，皆谓之"笔"。

二〇五 ◦ "文章原出五经"为何人之语？

"文章原出五经"一语见于颜之推所作《颜氏家训》，其言曰："夫文章者，原出五经；诏令策檄，生于《书》者也；序述论议，生于《易》者也；歌咏赋颂，生于《诗》者也；祭祀哀诔，生于《礼》者也；书奏箴铭，生于《春秋》者也。"

二〇六 ◦ 何谓骈文？

为文章者，皆务协音以成韵，修辞以达远，故多用偶。初则不调平仄，但求对待整齐而已。汉魏骈散未尝分途；故文成法立，无所拘牵。六朝唐宋以来，骈文之声偶愈严。体例巧密，多出新意。徐、庾号称健者，初唐尤为瑰丽。然初无骈散之名，直以此为文章正格。韩、柳继起，废八代之辞华，主以气势行文。自是以来，其用对偶者，谓之骈文。元陈绎曾云："四六之兴，其来尚矣。自《典》《谟》《誓命》，已加润色，以便宜读；四六其语，谐协其声，偶俪其词。凡以取便一时，使读者无聱牙之患，听者无佶屈之疑耳。"（《文章欧冶》）至其末流，乃如隋李谔所云："竞一韵之奇，争一字之巧；连篇累牍，不出月露之形；积案盈箱，唯是风云之状。"（《隋书·李谔传》）

二〇七 ◎ 五言诗第一个伟大作家为谁？

五言诗第一个伟大作家当推曹植。其作品以杂诗为代表，内容虽以自抒抱负为主，然亦写离别、写思归、写兵士，方面极多，遂使五言诗扩张至无所不包之地位。

二〇八 ◎ 何谓正始体？

"正始"为魏废帝年号。魏之文风，其影响最大者，厥为此一时期。时士大夫竞尚清谈，标榜老庄，破毁儒术，蔑弃礼法。王弼、何晏首开其端，竹林七贤继承于后；于是天下为之风靡，相与追攀而仿效之，此即所谓"正始文学"也。

洛神赋图（局部）

［东晋］顾恺之绘 宋摹本

二〇九 ｡＊建安七子何名？

建安，汉献帝年号。孔融、王粲、陈琳、徐干、刘桢、阮瑀、应玚，号建安七子。魏文帝《典论·论文》云："今之文人：鲁国孔融文举、广陵陈琳孔璋、山阳王粲仲宣、北海徐干伟长、陈留阮瑀元瑜、汝南应玚德琏、东平刘桢公干，斯七子者，于学无所遗，于辞无所假，咸自以骋骥骁于千里，仰齐足而并驰。"李白诗曰："自从建安来，绮丽不足珍。"（《古风五十九首》之一）

二一〇 ｡＊竹林七贤何名？

竹林七贤者，山涛、阮籍、嵇康、向秀、刘伶、阮咸、王戎七人也；其或性情旷达，或才智高远，或文采风流，或宦高名著，当时号为七贤。

二一一 ｡西晋之三张二陆两潘一左皆为何人？

（一）三张：张载、载弟协、协弟亢（一说张华）；
（二）二陆：陆机、机弟云；

（三）两潘：潘岳、岳从子尼；

（四）一左：左思。

二一二 ◦ 以悼亡诗著名者何人？

以悼亡诗著名者为晋之潘岳，论者谓其才溢如江，诗烂如锦。

二一三 ◦ 以游仙诗驰名者为谁？

以游仙诗驰名者为东晋之郭璞，其诗辞多慷慨，乖远玄宗。

二一四 ◦ * 何谓诗与歌？何人为吟咏之祖？

《尚书·虞书》："诗言志，歌永言。"班固释之曰："诵其言谓之诗，咏其声谓之歌。"《晋书·谢安列传》云："安少有盛名，时多爱慕。乡人有罢中宿县者，还诣安。安问其归资，答曰：'有蒲葵扇五万。'安乃取其中者捉之，京师士庶竞市，价增数倍。安本能为洛下书生咏，有鼻疾，故其音浊，名流爱其咏而弗能及，或手掩鼻以效之。"故后世推安为吟咏之祖。杜诗："陶冶性灵存底物？新诗改罢自长吟。孰知二谢将能事，颇学阴何苦用心。"（《解闷十二首》之七）

二一五 ◦ *陶渊明之杰作皆为何篇？其作品之风格若何？

（一）《归田园居》六首；
（二）《饮酒》二十首；
（三）《拟古》九首；
（四）《杂诗》十二首；
（五）《归去来辞》。

渊明情感丰富，格调超迈，所作诗文，大抵古朴、冲淡、飘逸、清远。

二一六 ◦ 作诗开山水一派者为谁？

刘宋谢灵运喜遨游，所至辄为题咏，多写山水风光，其诗遂开山水一派。

陶潜

(365—427)，字渊明、一字元亮，私谥靖节，浔阳柴桑（今江西九江）人

《三才图会》

陶渊明像

二一七 ◦ 何谓 "子夜歌"？

相传子夜为晋代一女子，吴人，始作此声。但因哀远而动人心，极投时好；故后人和之，更创四时行乐之歌，名"子夜四时歌"。

二一八 ◦ 鲍照有何杰作？

鲍照之杰作为《行路难》十八首。

二一九 ◦ 何谓竟陵八友？

竟陵八友者，即范云、萧琛、任昉、王融、萧衍、谢朓、沈约、陆倕是也。

二二〇 ◦ 何谓永明体？

《南史·陆厥传》云："永明（南齐武帝年号）末，盛为文章。吴兴沈约、陈郡谢朓、琅琊王融，以气类相推毂；汝南周颙，善识声韵。为文皆用宫商，以平上去入为四声，以此制韵，有平头、上尾、蜂腰、鹤膝。五字之中，音韵悉尽；两句之内，角徵不同，不可增减，世呼为'永明体'。"

二二一 ◎ 回文诗作者何人，因何而作？

唐武则天《织锦回文记》云：前秦苻坚时，秦州刺史扶风窦滔妻苏氏，陈留令武功道质第三女也。名蕙，字若兰。识知精明，仪容秀丽，谦默自守，不求显扬。行年十六，归于窦氏，滔甚敬之。然苏氏性近于急，颇伤嫉妒。……及滔镇襄阳，邀其同往，苏氏忿之，不与偕行，滔遂携阳台（姓赵，滔宠姬，善歌舞）之任，断其音问。苏氏悔恨自伤，因织锦回文，五彩相宣，莹心耀目。其锦纵横八寸，题诗二百余首，计八百余言，纵横反覆，皆成章句。其文点画无缺。才情之妙，超今迈古，名曰《璇玑图》。然读者不能尽通。苏氏笑而谓人曰："徘徊宛转，自成文章，非我佳人，莫之能解。"遂发苍头，赍致襄阳焉。滔省览锦字，感其妙绝，因送阳台之关中，而具车徒盛礼，邀迎苏氏，归于汉南，恩好愈重。

武则天

(624—705),本名珝,后改名曌,并州文水(今山西文水)人

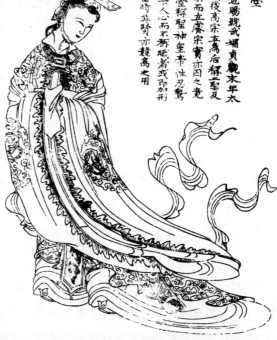

偽周皇帝武曌

武氏唐太宗才人也賜號武媚貞觀末太史占云女主昌民閒俊高宗立為后釋囚之竟中宗嗣位廢中宗而立廉宗寶亦忍鷙改國號周自名曌釋聖神皇帝性忍鷙准濫以爵祿收人心而不辭職者或即加刑誅明察善術故當時姦賢亦競為之用

《无双谱》

二二二 ◎ 何谓诗之八病？

沈约谓诗有八病：

（一）平头：第一字不得与第六字同声，第二字不得与第七字同声；如"今日良宴会，欢乐难具陈"，"今""欢"二字同声，"日""乐"二字同声也。

（二）上尾：第五字不得与第十字同声；如"西北有高楼，上与浮云齐"，"楼""齐"同声也。

（三）蜂腰：第二字不得与第五字同声，两头大，中心细，似蜂腰也；如"闻君爱我甘，切欲自修饰"，"君""甘"二字平声，"欲""饰"二字入声，皆同声也。

（四）鹤膝：第五字不得与第十五字同声，是以两头细，中间粗，如鹤膝也；如"客从远方来，遗我一书札，上言长想思，下言久离别"，"来""思"皆平声也。

（五）大韵：重叠相犯，如五言诗以新字为韵者，九字内各用津、人字为大韵病；如"胡姬年十五，春日正当垆"，"胡""垆"字同声也。

（六）小韵：除本韵外，九字中不得有两字同韵，如

"客子已乖离,那宜远相近","子""已""离""宜"皆同韵。小韵五字内最忌,九字内稍缓。

(七)正纽:"壬""纴""人"一组,十字内有"壬"字,更不得犯"纴""壬""人"字也:如"我本汉家女,来嫁单于庭","家""嫁"系正纽也。

(八)旁纽:五言诗一句内有月字,更不可用"元""阮""愿"字,此是"双声",即旁纽也;如"丈夫宜安坐,梁尘将欲起"。"丈""梁"即为犯旁纽病。五字中急,十字中稍缓。

二二三。《文选》为何人所撰?

《文选》为梁昭明太子萧统所撰,唐江都李善作注。后吕廷祚复集吕廷济、刘良、张铣、吕向、李周翰五人共为之注,故世传有李善注及五臣注二种。南宋以后,合刻得称《六臣注文选》。

二二四。《玉台新咏》为何书?

《玉台新咏》为南朝陈徐陵所选梁以前之诗,共十卷。《大唐新语》云："梁简文为太子，好作艳诗，境内化之。晚年欲改作，追之不及，乃令徐陵为《玉台集》以大其体。"（卷三）据此则是书盖作于梁时矣。

二二五 ◎ *《文心雕龙》为文家评论之宗，为何时何人所撰？

《文心雕龙》为梁刘勰所撰，凡十卷。为我国文评之大宗，其书商榷古今，包罗群籍，别其体制，较其短长，章实斋（学诚）誉之曰"体大而虑周"（《文史通义·诗话篇》）。其《序志》云："夫文心者言为文之用心也，昔涓子（环渊）《琴心》，王孙《巧心》，心哉美矣，故用之焉。"全书十卷，五十篇。

二二六 ◎ * 中国诗歌最早之批评书籍为何书？

中国诗歌最早之批评书籍为梁锺嵘所著《诗品》，凡三卷。《隋书·经籍志》："《诗评》三卷，锺嵘撰。或曰《诗品》。"锺氏之书，定名《诗品》。次汉、魏至齐、梁百余诗人于三卷，区为上、中、下三品。且云："昔九品论人，七略裁士；校以宾实，诚多未值。至若诗之为技，较尔可知，以类推之，殆均博弈。"盖既蓄真知灼见，故敢于自任，而不为乡原之论也。

中华文化之鼎盛(隋唐)

己编

经学

二二七 ○ 试言《十三经注疏》

"十三经"为群经之合称。初,唐太宗敕孔颖达等撰《易》《书》《诗》《左传》《礼记》五经正义;其后又加入贾公彦之《周礼》《仪礼》两正义,徐彦《公羊传正义》,杨士勋之《穀梁传正义》,成为九经。至宋真宗之咸平三年(1000年),邢昺、孙奭等复撰《孝经》《论语》《尔雅》《孟子》等正义补之,遂合而名之曰"十三经注疏"。

书名	卷数	注解者
《周易正义》	十卷	魏王弼、晋韩康伯注,唐孔颖达等正义

唐太宗

(598—649),李世民,生于武功(今陕西武功)

《历代帝王像真迹》

续　表

书名	卷数	注解者
《尚书正义》	二十卷	旧题汉·孔安国传，唐·孔颖达正义
《毛诗正义》	七十卷	汉·毛亨传、郑玄笺，唐·孔颖达正义
《周礼注疏》	四十二卷	汉·郑玄注，唐·贾公彦疏
《仪礼注疏》	五十卷	汉·郑玄注，唐·贾公彦疏
《礼记正义》	六十三卷	汉·郑玄注，唐·孔颖达正义
《春秋左传正义》	六十卷	晋·杜预集解，唐·孔颖达正义
《春秋公羊传注疏》	二十八卷	汉·何休解诂，唐·徐彦疏
《春秋穀梁传注疏》	二十卷	晋·范宁集解，唐·杨士勋疏
《论语注疏》	二十卷	魏·何晏等集解，宋·邢昺疏
《孝经注疏》	九卷	唐玄宗御注，宋·邢昺疏
《尔雅注疏》	十卷	晋·郭璞注，宋·邢昺疏
《孟子注疏》	十三卷	汉·赵岐注，旧题宋·孙奭疏

二二八 ○＊三十六字母为何时何人所创？

唐末沙门守温依梵音创三十六字为声母，依其发音，可分为九组：

发声	声母	发声	声母
牙音	见、溪、群、疑	齿头音	精、清、从、心、邪
舌尖音	端、透、定、泥	正齿音	照、穿、床、审、禅
舌上音	知、彻、澄、娘	喉音	晓、匣、影、喻
重唇音	帮、滂、并、明	半舌音	来
轻唇音	非、敷、奉、微	半齿音	日

可知我国四声及音韵之进步，得益于佛教传入者，不在少数。陈澧云："自汉以来，用双声叠韵为切语；韵有东、冬、钟、江之目，而声无之。唐末沙门，始标举三十六字，谓之字母。"

二二九 ◦ * 何谓四呼？

依发音口、唇之形态，韵母可分为开口呼、齐齿呼、合口呼、撮口呼四类，是为四呼。

（一）开口呼：除下三呼以外之所有发音；

（二）齐齿呼：元音为（i）及韵母韵头为（i）者；

（三）合口呼：元音为（u）及韵母韵头为（u）者；

（四）撮口呼：元音为（ü）及韵母韵头为（ü）者。

二三〇 ◦ 何谓等韵？

以一音母分开口呼、合口呼，而开合又各分为四等也。宋人取韵书之字，依守温三十六字母之次第，而为之图，如《切韵指掌图》《四声等子》之类，是谓等韵之学。

二三一 ◦ 何谓"双声""叠韵"？

双声者，同母之字（即声母相同——今按），一声之转也，古人多用为形容词；如丁冬、芬芳之类是也。叠韵者，同韵之字，其音最近也；如堂皇、雍容之类是也。前者古谓之"和"，后者古谓之"谐"。

二三二 ◦ *《切韵》为何人所撰？

《切韵》为隋陆法言所撰。书成于隋文帝仁寿元年（601年），共五卷，分百九十三韵部：平声五十四、上声五十一，去声五十六，入声三十二。唐初定为官韵，为今可考知最古之韵书。

二三三。《唐韵》为谁所编?

《唐韵》为唐孙愐所撰,系修正《切韵》而成;书今已佚亡,唯序尚存。

史学

二三四。《隋书》之概略

《隋书》,唐魏徵等撰。凡八十五卷:本纪五,列传五十,志三十卷;介于纪传之间,皆署长孙无忌等撰。据刘知几《史通》:撰纪传者为颜师古、孔颖达,撰志者为于志宁、李淳风、韦安仁、李延寿、令狐德棻。

二三五。《南史》《北史》之概略

唐显庆中,李延寿抄撮其近代诸史,南起自宋,终于陈;北起自魏,终于隋。《南史》八十卷:本纪十卷,列传七十卷;《北史》一百卷:本纪十二,列传八十八,号"南北史"。唯纪传之外,不能撰为表志,是其缺点。

二三六 ◦ 《新唐书》《旧唐书》之概略

《旧唐书》,后晋刘昫撰。凡二百卷:本纪二十,志三十,列传一百五十。自宋嘉祐后,欧阳修、宋祁等重修新书,刘昫旧书遂废。《新唐书》共二百二十五卷:本纪十,表十五,志五十,题修名;列传一百五十,题祁名。旧书以良臣次宦官,以节义次酷吏;又无典志、选举志,及公主奸臣传。新书皆补之,又撰宰相、方镇、宗室世系表,增藩镇传。

二三七 ◦ * 何谓九通?

九通,记载文物典章制度沿革图籍之总称。其作者卷次如下:

书名	作者	卷数
《通典》	唐·杜佑	二百卷
《通志》	宋·郑樵	二百卷
《文献通考》	元·马端临	三百四十八卷
《续通典》	清·高宗敕撰	百四十四卷
《续通志》	同上	五百二十七卷
《续文献通考》	同上	二百五十卷
《皇朝通典》	同上	一百卷
《皇朝通志》	同上	二百卷
《皇朝文献通考》	同上	二百六十六卷

《通典》《通志》《文献通考》合称"三通";《续通典》《续通志》《续文献通考》,称"续三通";《皇朝通典》《皇朝通志》《皇朝文献通考》,称"皇朝三通"。以上合称"九通"。

二三八 ◦ *《史通》 为何人所著?

《史通》,唐刘知几撰,凡二十卷。内篇十卷,三十九篇,外篇十卷,十三篇。内篇论史籍体例,辨别是非;外篇述史籍源流,杂评古今得失。谓作史者须有三长,即才、学、识,缺一不可;并谓兼之者唯史迁一人耳。清浦起龙有《史通通释》,纪昀有《史通削繁》,则此书之节本也。

子学

二三九 ◎ * 试述儒释道三教之合流

道教主清静无为，佛教演苦空寂灭，不过装潢门面，二家皆积极入世，不能置身世外，成为三教合流之基础。儒家自汉以来被奉为正统，而李唐追攀老子为先祖，乃大力扶持道教，而佛教又与二教明通而暗斗。至唐德宗开三教讲论例，以促三教调和，奉旨而行，岂有难争。《南部新书》云："初若矛盾相向，后类江海同归。"（乙卷）三教自此遂开调和之路。儒佛调和，中晚唐诗文中，屡见文僧、诗僧、琴僧诸名号，则僧侣精通儒学者，殆不乏人。南宗禅学立，佛儒调和，愈加致密；佛儒调和之外，亦与道教调和。佛道两教，如佛说性空，道说无名，皆以虚无为本，又道有神仙洞府，佛有极乐净土；另如静坐（道）、禅定（佛）之持修，符箓（道）、咒语（佛）之法术，皆彼此共通之处。

玄奘

(602—664),俗姓陈,名祎,洛州缑氏(今河南洛阳偃师)人,通称三藏法师 石刻画像

二四〇 ◦ * 试述佛学之宗派

自晋安帝起,至唐玄宗止,佛学先后所立宗派,凡十三宗:

(一)成实宗,(二)三论宗,亦称法宗,(三)涅槃宗,(四)律宗,(五)地论宗,(六)净土宗,(七)禅宗,(八)俱舍宗,(九)摄论宗,(十)天台宗,(十一)华严宗,亦称贤首宗,(十二)法相宗,亦称唯识宗或慈恩宗,(十三)真言宗,亦称密宗。其后涅槃宗归入天台,地论归入华严,摄论归入法相,十三宗遂成为十宗。中唐以后,各派次第衰微,仅净土及禅宗流传最久。

二四一 ◦ * 何谓书院?试举其名著者

唐玄宗置丽正书院,集文学之士,此为我国设书院之始。宋时书院大盛,如白鹿、石鼓、应天、岳麓(见《文献通考》)号称天下四大书院(吕祖谦谓指嵩阳、岳麓、应天、白鹿)。

文学

二四二 ◎ * 试述中国诗之分类

以体裁分如下：

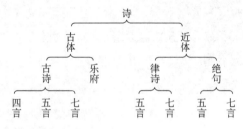

以题材分如下：

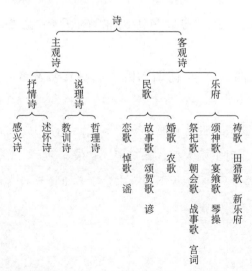

二四三 ◎＊试述近体诗之技艺

昔人每叹作诗为苦,太白语工部云"借问何来太瘦生,总为从前作诗苦",工部亦尝自言"百年歌自苦,未见有知音"。俱缘耽情艺事,"语不惊人死不休"也。唐人卢延让云:"吟安一个字,拈断数茎须。"贾岛:"两句三年得,一吟双泪流。知音如不赏,归卧故山秋。"

居恒以为古诗词者,首在格律,平仄粘拗,属对叶韵是也;格律之上,须讲字面,所谓无一字无来历也,炼字修辞,诗眼警策是也;字面之上,再须炼意,则修辞立其诚,诗以言志、言为心声是也;再上则炼声,叠韵双声,开齐合撮,阴阳宏细,沉郁顿挫,所谓言之不文、行之不远也。诗词技巧,无非此四事耳。

至于诗之旨趣,唐司空表圣(图)作《诗品》,分二十四品,其曰:雄浑、冲淡、纤秾、沉着、高古、典雅、洗练、劲健、绮丽、自然、含蓄、豪放、精神、缜密、疏野、清奇、委曲、实境、悲慨、形容、超诣、飘逸、旷达、流动,此二十四题,可以概见唐人诗学旨趣。

明皇合乐图

李隆基（685—762），唐玄宗

［唐］张萱绘

二四四 ◦ 律诗滥觞于何时，至何人始完全成立？

汉魏之诗尚质，但至六朝，遂趋浮艳。晋之陆机、潘岳出，一变而开排偶之端。及宋之谢灵运、颜延年、齐之谢朓乃再变三变，而俪句愈多。迨齐梁之际，四声之论起，沈约等论诗之八病，主张作诗应整理平仄。陈之徐陵、周之庾信所为，体例渐严，成为唐诗之先驱。至唐而声律对偶之法，益加严格。沈佺期、宋之问等愈努力于研炼精切，稳顺声势，定五七言八句之式，号为"律诗"。

二四五 ◦ 何谓绝句？

《文体明辨》云："唐初稳顺声势，定为绝句。绝之为言截也，即律诗而截之也。故凡后两句对者，截前四句；前二句对者，截后四句，全篇皆对者，截中四句；皆不对者，截首尾四句。故唐人绝句，皆称律诗。观李汉编《昌黎集》，绝句皆入律诗，益可见矣。"

二四六 ○ 何谓四唐诗?

（一）初唐体　高祖武德以后百年间；
（二）盛唐体　玄宗开元以后五十年间；
（三）中唐体　代宗大历以后八十年，亦称大历体；
（四）晚唐体　宣宗大中以后，迄唐亡。

二四七 ○ * 初唐四杰为谁?

（一）王勃，（二）杨炯，（三）卢照邻，（四）骆宾王。四杰承江左之风流，会六朝之华采；均以卓荦不羁之才华，而为辞藻风丽、波澜壮阔之文辞，称雄于初唐。杜甫《戏为六绝句》，一则曰"王杨卢骆当时体"，再则曰"纵使卢王操翰墨"，皆指四杰而言。

二四八 ○ 何谓燕许大手笔?

唐燕国公张说、许国公苏颋，皆以文名，时称"燕许大手笔"。

二四九 ◎ 沈宋皆为何人？

魏建安后迄江左，诗律屡变。至沈约、庾信，以音韵相婉附，属对精密。及之问（宋之问）、佺期（沈佺期）又加靡丽；回忌声病，约句准篇，如锦绣成文，学者尊之，号为"沈宋"。

二五○ ◎ 何谓文章四友？

与沈宋同时之诗人，有李峤、苏味道、崔融、杜审言，号称"文章四友"。

二五一 ◎ 唐代自然派诗人著名者可得言欤？

（一）王维　诗以五言为主，风格取静，重淡远，苏东坡称其"诗中有画"。

（二）孟浩然　诗亦以五言为主，尤喜为五律。

（三）储光羲　诗近民歌，多写农村生活。

（四）韦应物　人性高洁，诗亦淡远，后人比之陶潜,号为"陶韦"。

(五)柳宗元 诗多五古,清幽隽逸,近于韦应物。

二五二 ◎ 唐代诗人中喜描写边塞者为谁?

唐代喜作边塞诗者有岑参、高适、王昌龄、王之涣、王翰、李颀等。

二五三 ◎ 李白杜甫之简单比较

李杜诗歌,光焰万丈,才力飚举,今古无匹。虽偶涉中国文学者,皆知之甚审。唯此二人时境既同,友谊复笃;而其性行,其作品,其思想,则各擅一胜,未可轩轾。

子美尊儒,太白契道;子美有所不为之狷,太白进取之狂;子美情深而法密,太白才骏而神奇;子美得诸功力者居多,太白倚诸天赋者不少;子美之诗可学而瞻之在前,忽然在后,太白之诗不可学而或骇神逸,或疑浮夸,此子美之所以为诗圣,太白之所以为谪仙也。

李白

(701—762),字太白,号青莲居士,祖籍陇西成纪(今甘肃秦安西北)

南薰殿旧藏历代名臣像

杜甫

(712—770),字子美,祖籍襄阳(今湖北襄阳),隶籍京兆(今陕西西安)

南薰殿旧藏历代名臣像

李豪于情，杜笃于性。李以气为主，以自然为宗，以俊逸高畅为贵；杜以意为主，以独造为宗，以奇拔沉雄为贵。咏之使人飘然欲仙者，太白也；使人慷慨唏嘘者，子美也。李斗酒百篇，杜读书万卷。彼为智者乐水，此为仁者乐山。彼海阔天空，享乐天然；此忧心时事，洒泪陈词。李难能，杜可贵。而潦倒颓废，放浪形骸，又皆为浪漫诗人。《沧浪诗话》谓："李杜二公，正不当优劣。太白有一二妙处，子美不能道；子美有一二妙处，太白不能作。子美不能为太白之飘逸，太白不能为子美之沉郁。太白《梦游天姥吟留别》《远离别》等，子美不能道；子美《北征》《兵车行》《垂老别》等，太白不能作。"洵有见地也。

二五四 ◎ * 试述杜甫何以为诗圣

诗至于有唐，可谓众体赅备，蔚为大国，空前绝后，蔑以加矣。元稹《墓志铭》："至于子美，盖所谓上薄风、骚，下该沈、宋，古傍苏、李，气夺曹、刘，掩颜、谢之孤高，杂徐、庾之流丽，尽得古今之体势，而兼人人之所独专矣。……诗人以来，未有如子美者。"

工部，圣于诗者，尤以七律，不唯称雄有唐，尤且独步古今。可谓唐无工部，诗不能造极，或有空前，但无绝后，此所以工部"集古今之体式，而兼人人之所独专矣"。盛唐之世，群星璀璨。遭安史之乱，诗坛遽为沉寂，独工部踽踽而独行、哀歌于乱世；遍写生民之情，尽抒黍离之悲。此其所以称圣也欤？不遭战乱，工部诗不能以史为，亦自不能登峰造极，遽称圣焉。今之论杜者，咸知杜之为圣，而未必咸知杜之所以圣也。

"细论文"，此工部早年相期于太白也，"诗律细"，夫子晚岁自道也。杜之所以横绝今古者，全从此一"细"字得来也。"毫发无遗憾"者，毫发毕见，此"细"之明证也。以《秋兴八首》之一为例：

诗	玉	露	凋	伤	枫	树	林
声韵	入撮	去合	平喉	平鼻	平鼻	去合	平喉
诗	巫	山	巫	峡	气	萧	森
声韵	平合	平开	平合	入喉	去喉	平喉	平喉
诗	江	间	波	浪	兼	天	涌
声韵	平鼻	平齐	平鼻	去鼻	平齐	平齐	上撮
诗	塞	上	风	云	接	地	阴
声韵	入喉	上鼻	平鼻	平撮	平喉	去喉	平喉

续　表

诗	丛	菊	两	开	他	日	泪
声韵	平鼻	入撮	上鼻	平	平喉	入喉	去喉
诗	孤	舟	一	系	故	园	心
声韵	平合	平鼻	入喉	去喉	去合	平撮	平喉
诗	寒	衣	处	处	催	刀	尺
声韵	平开	平喉	去合	去合	平合	平	入喉
诗	白	帝	城	高	急	暮	砧
声韵	入喉	去喉	平鼻	平	入喉	去合	平喉

注：上表中，平上去入之外，开指开口呼 an 韵字，与撮口呼字，皆为哭腔；另，鼻指鼻腔共鸣音，喉指喉腔共鸣音。恬吟密咏，则只在四声及四呼吐纳之间寻绎也。

其音节之布置，匠心独运。深情之流露，自于音节中宣达而出，声随意转，心随声动。刘大櫆《论文偶记》云："凡行文字句短长，抑扬高下，无一定之律，而有一定之妙；可以意会，而不可以言传。学者求神气而得之音节，求音节而得之字句，思过半矣。其要只在读古人文字时，便设以此身代古人说话，一吞一吐，皆由彼而不由我。烂熟后，我之神气即古人之神气，古人之音节，都在我喉吻间；合我喉吻者，便是与古人神气音节相似处，自然铿锵发金石。"全诗纯如一架感情机器，只一吟哦，即如工部现身，辄复自伤，不能自持；

"如泣如诉，一字一泪，不忍卒读"，岂欺人言耳。又全不露斧凿痕，真艺文之最高典范。杜之技艺，精深而幻化，此系专门之学，则另待专文以述之。

二五五 ◎ 白居易最著名之作品为何篇？

香山之作，通常最脍炙人口者，为《长恨歌》。唯其他如《琵琶行》《卖炭翁》《新丰折臂翁》《上阳白发人》等，皆其杰作也。

二五六 ◎ 唐代诗中有所谓"元白体"者，元白为何？

元白，谓元稹、白居易也。二人皆能诗，居易喜驱驾文字，穷极声韵，或为千言，或五百言以相投寄。稹戏排旧韵，别创新词，名为次韵相酬，时号"元白"。

二五七 ◎ 晚唐诗人著名者为谁？

（一）杜牧　长于七绝；

李商隐

(813?—858?),字义山,号玉谿生,怀州河内(今河南焦作沁阳)人

《晚笑堂画传》

李义山

（二）李商隐　诗以华艳著称，而意颇晦涩；

（三）温庭筠　古体丽句独多，近体亦清疏可喜。

二五八 ○ 何谓"香奁体"？

"香奁体"因唐韩偓之《香奁集》而得名。《沧浪诗话》："香奁体。韩偓之诗，皆裾裙脂粉之语。有《香奁集》。""香奁"云者，盖指以绮缛艳靡之辞，描写闺阁燕昵、男女私情诗歌之谓。后人仿其体作诗者颇多。

二五九 ○ 何谓唐文三变？

唐代文章，韩柳之前，以历三变：初变于四杰，再变于燕许，三变于元结、独孤及；文章始次第入古。

唐兴，文章承徐、庾流风，天下祖尚；骈四俪六之体，盛行于时。太宗雅好艺文，颇崇纤丽。王（勃）杨（炯）卢（照邻）骆（宾王）四杰出，始以精切豪厉相尚，已逾江南之风，渐成河朔之制，以前之入纤入靡者，至是而一变矣。玄宗嗣位，张说、苏颋尤有重名，颇为海内推崇。二子之文，虽体制不甚超奇，而以宏茂富于波澜称，则两汉之胎息也。比之四杰，似又进矣。经此数变，至元结、独孤及，乃大改排偶浓艳之习。结文大抵澶漫矫亢，戛然独造；乃长于议论，其胜处有先秦西汉之风，韩愈亟称许之，此三变也。

二六〇 ◎ 试述唐宋八大家之姓名

唐韩愈、柳宗元，宋欧阳修、苏洵、苏轼、苏辙、王安石、曾巩，善为文，称唐宋八大家。明茅坤本唐顺之意，集以上诸人之文，为《八大家文钞》。八家之名，盖始于此。

二六一 ◎ * 韩愈文起八代之衰，其主张如何？

苏东坡云："匹夫而为百世师，一言而为天下法。""文起八代之衰，而道济天下之溺；忠犯人主之怒，而勇夺三军之帅。此岂非参天地、关盛衰，浩然而独存者乎？"（《潮州韩文公庙碑》）昌黎初学独孤及之文，继

韩愈(768—824),字退之,河南河阳(今河南孟州市)人,郡望昌黎

《故宫周刊》

而学司马相如、扬雄之作，深知世俗学文，恒有其形貌，故一意独运精思，别开生面。非三代两汉之书不观，非圣人之志不存；斤斤焉以为文之心法，启悟后进。曾毅评韩氏，谓其建立为文之信条有二：一曰求圣人之道；二曰辞必己出。求圣人之道者，以理为文也；辞必己出者，以学为文也。合而方之，即在摆脱一切故事浮藻，务以反时俗之所尚，而又惧其易蹈于涩晦也。故于声色之外，倡为气之一说，以振导之。文之言气，自魏文始，至韩氏乃复昌而大焉。

二六二 ◎ 柳宗元长于何种文体？

柳宗元文尚雅健峻洁，最长于山水杂记之体。《永州八记》，世所共称。

二六三 ◎ 唐代古文于韩柳同派者尚有何人？

唐代古文，与韩柳同派者，尚有李翱、皇甫湜、李观诸人。

二六四 ◦ 何谓 "三十六体"?

晚唐李商隐、温庭筠、段成式一派,善为绮艳四六之文,因三人均行十六,故号称"三十六体"。

二六五 ◦ 《菩萨蛮》《忆秦娥》是否李白作品?

黄昇《花庵词选序》云:"李太白《菩萨蛮》《忆秦娥》二阕,为百代词曲之祖。"后人因(一)《菩萨蛮》曲至唐大中时始有此名;(二)《花间集》遍录晚唐诸家词,不及李白,欧阳炯作《花间集序》亦只称李白仅有《清平乐调应制词》四首;(三)郭茂倩之《乐府诗集》遍录李白乐府歌辞,亦未收此二词。遂疑为伪作。

二六六 ◦ 温庭筠在词史上之地位如何?

(一)词有专集,自温始;
(二)诗词之异点,自温始著;

(三)五代十国词人祖述温者颇多。(据陆侃如《中国文学史简编》)

二六七 ◎ 唐代小说之名作皆为何篇?

(一)《红线传》 袁郊撰(旧题杨巨源撰);
(二)《刘无双传》 薛调撰;
(三)《谢小娥传》 李公佐撰;
(四)《虬髯客传》 杜光庭撰;
(五)《聂隐娘传》 裴铏撰;
(六)《游仙窟》 张鷟(文成)撰;
(七)《霍小玉传》 蒋防撰;
(八)《李娃传》 白行简撰;
(九)《会真记》(亦名《莺莺传》) 元稹撰;
(十)《章台柳传》 许尧佐撰;
(十一)《长恨歌传》 陈鸿撰;
(十二)《秦梦记》 沈亚之撰;
(十三)《枕中记》 沈既济撰;
(十四)《柳毅传》 李朝威撰;
(十五)《南柯记》(亦名《南柯太守传》) 李公佐撰;
(十六)《离魂记》 陈玄祐撰。

二六八 ◎ 试述敦煌古籍之发现

敦煌史者,吾国之伤心史也。清光绪庚子(1900年),甘肃敦煌县鸣沙山千佛洞发现石室,内藏唐及五代人手写书及雕本甚富,佛经尤多。英人斯坦因、法人伯希和先后至其地,全力搜求,皆饱载而归,现存该二国图书馆及博物院中。及我国政府派人前往,仅获残篇断简而已。近人据伯希和本印行者有《敦煌石室遗书》《鸣沙石室古佚书》等数种。

二六九 ◎ 何谓"变文"?

"变文"为敦煌新发现之文体,其后蜕化为宫调、宝卷、弹词。与演义类似,即将古典故事重新演说、变化,使人易于了解,与唐代流行之"变相"相同;"变相"系以"相"或"图画"表现佛经中之故事,以感动群众;"变文"则常在庙中演唱。

古写经卷

唐末五代

我有光石卿勝上持其名者雅他論
我有光名火䧏平持其名者成六极
我有光石東尊勝持其名者神英波
我有光明名建疾持其名者成愦僧
我有光明名有相持其名者了深法
我有光明名雜相持其名者離垢樓
我有光明名無主持其名者雅烝得
我有光明名念佛持其名者諸佛之所讃
於多佛所較諸行今乃得成如是光
佛身所视諸光千俱胝利微塵數
如是無量俱胝利其數又如大海水
一一徹慶諸佛刹各有若干多眷屬
演說甚深微妙法但作如來清淨行
我光明名為佛安住眾生怒界中
我有光明名為法諸佛如來所稱歎
我有光明名為僧清淨照輝無報默
我有光明名清淨其光緣隆崖難行
我有光所名為尊利益眾生得成就
我月名龍名花又令諸眾生皆修道
名阿陀彊如擅那成名身釋或名千
成有名王名婦女成名舍彈或名月
如是種種諸光明成名童女成童男
能令無量俱脫眾甘以菩法化同俗
我有光明名智慧甘行成就於其福
我名龍喜成名燈成有若成成骨雜
如是等頗諸光明各隨本行為其種

二七〇 ◦ ＊ 何谓 "大面" "小面"？

唐代戏剧面具有大、小面之称,大面又称代面。其源自北齐,兰陵王长恭,才武而善战,容貌美丽,有如妇人,以其不足以威敌,乃木刻假面,着以临阵。曾破周师于金墉城下,勇冠三军,齐人壮之而作此舞,以模拟其指摩击刺之状,为《兰陵王入阵曲》。唐之大面戏即源此。以日本能戏考之,大面似为覆首之面具,而小面似为敷面之面具,非剧种之际分也。

二七一 ◦ ＊ 试述文学之伟大

魏文帝《典论·论文》云:"盖文章,经国之大业,不朽之盛事。年寿有时而尽,荣乐止乎其身,二者必至之常期,未若文章之无穷。是以古之作者,寄身于翰墨,见意于篇籍,不假良史之辞,不托飞驰之势,而声名自传于后。"杜工部:"文章千古事,得失寸心知。"皆谓文学之伟大也。

昔人之于文辞也,扬之欲其高,敛之欲其深,推而远

吴女面具

唐吴女大面　日本正仓院藏

之欲其雄且骏。其高也如垂天之云,其深也如行地之泉,其雄且骏也如波涛之汹涌,如万骑千乘之奔驰。而及其变化离合一归于自然也,又如神龙之蜿蜒,而不露其首尾,盖凡开阖呼应操纵顿挫之法而加变化焉,以成一家者是也。甄陶镕冶,继往开来,创为体制,主一代之文风。文章乃与立功、立德同垂于不朽者,彬彬之盛,郁郁乎文哉。

二七二 ◦ ＊ 试述中国艺术之旨趣

古今之可与言文者,必其有雅人深致也。中国艺文之标准,恒在以小见大,以少胜多,以静制动,以无生有,以淡写浓,以景出情……然后可以知艺矣。技术、技艺不等于艺术,艺术通过技术、技艺而表情达意,其最高境界乃用技而泯其迹,不以炫技为能事。炫技,是才力不足使然。

大艺术,不在面面俱到、滴水不漏之功,而在其轻采毛发、深及骨髓之直觉。才而能学,则得来全不费工夫;学而无才,则可怜无补费精神也。古人艺术之所以能不朽者,在以诗为一切艺术修养之根柢,轸鞯诗意,绘事后素,本然已善,自然而美。

五弦琵琶

唐紫檀镶贝五弦琵琶　日本正仓院藏

二七三 ○＊试述罢黜周公与国家丕变

唐代之前，周公地位凌驾于孔子之上。儒家亦同奉周、孔为宗；至韩愈，仍以"周公、孔子、孟子"为儒教统序。孔子"述而不作"，所述者，乃周公制作。故周公史称元圣，孔子称为至圣。发生变局者，在唐之开元间。玄宗以诛太平公主得嗣皇位、又迫父皇逊位而继承大统，唯恐他人觊觎皇位；出于专权需要，乃力诋周公摄政及周召共和之伟绩，并于开元二十七年（739年），敕令全国取消供奉周公之资格，专以祭祀孔子；周公声名由此式微。此举罔顾历史与民意，引发惊人后果。玄宗罢黜周公而后十七年，大变乱似晴空霹雳而来，伴随礼乐崩坏，大唐王朝几于颠覆。章太炎有言曰"自中唐以来，礼崩乐坏"者，指此。

中华文化之渐衰（宋元）

庚编

经学

二七四 ◦ * 何谓宋学？

宋学,宋之理学也。汉人治经,偏于名物训故,至宋人讲经解义,始注重天人性命之理,故有性理之学,亦称义理学。参悟心性,合道清虚;取佛老之纯理,明孔孟之教义。竭力求道体之所在,而不屑屑于文。长于义理,而失之迂拘。周敦颐、朱熹、程颢、程颐、陆九渊实为代表。

二七五 ◦ * 试述理学源流

古无理学之名,自宋以谓躬行实践者,为理学。理学开创者,为宋周敦颐(字茂叔,世称濂溪先生);发扬光大者，为张载（字子厚，世称横渠先生）、程颢（字伯淳，世称明道先生）、程颐（字正叔，世称伊川先生）、邵雍（字尧夫，卒谥康节先生）；集大成者，为朱熹（字元晦，世称朱文公）、陆九渊（字子静，世称象山先生）；革新者，为王守仁（字伯安，世称阳明先生）。

二七六 ◦ 宋代理学可分几派？各派代表人物为谁？

自北宋迄南宋，以理学著者，称濂、洛、关、闽四派；濂溪周敦颐，洛阳程颢、程颐，关中张载，闽中朱熹是也。

二七七 ◦ * 试述朱子之学

朱子之学，大抵穷理以致其知，反躬以践其实，而以居敬为主。尝谓圣贤道统之传，散在方册，圣经之旨不明而道统之传渐晦。于是竭其精力以研圣贤之经训，故于百家旁说，始深辨而力辟之。朱子之学，大体以伊川之说为经，以周、张诸子之学为纬，而博采孔孟之

朱熹

（1130—1200），字元晦，一字仲晦，号晦庵，祖籍徽州府婺源（今属江西），生于南剑州尤溪（今福建省尤溪县）

《故宫周刊》

书,熔炼古今,自铸伟辞,其学说结构之宏大,诚古来所罕有,后世谓为集古今儒学之大成者。

二七八 ○ * 陆象山学说如何?

陆象山(九渊)与程明道同派,重直觉,不主分析。注重"尊德性",以为可以直指本心,主"心即理"说,无须尊问学,尝云:"六经注我,我注六经。"与朱熹齐名而见解多异,为宋明两代"心学"之祖,明王守仁承其学而光大之,号为"陆王学派"。

二七九 ○ * 试述朱陆之异同

朱熹、陆九渊同时讲学,朱主敬,陆主静,朱讲道与理,陆讲德与性。朱笃实以求邃密,陆超迈而求简易。此其分判之大概也。

二八〇 ○ * 何谓"平水韵"?

宋以前韵书,皆依《切韵》,分二百六部;唯取便声律，或注独用、同用等字。宋平水刘渊增修《礼部韵略》，始尽并同用之韵为一百六部。元以来皆用之，即今诗韵所分之部目也。其目如下：

平声：一东　二冬　三江　四支　五微　六鱼　七虞　八齐　九佳　十灰　十一真　十二文　十三元　十四寒　十五删

一先　二萧　三肴　四豪　五歌　六麻　七阳　八庚　九青　十蒸　十一尤　十二侵　十三覃　十四盐　十五咸（按：以平声字较其余三声为多，故分为上下二卷，是为上平、下平，即平声上卷、平声下卷；非平声有二声，为上平、下平。）

上声：一董　二肿　三讲　四纸　五尾　六语　七麌　八荠　九蟹　十贿　十一轸　十二吻　十三阮　十四旱　十五潸　十六铣　十七筱　十八巧　十九皓　二十哿　二十一马　二十二养　二十三梗　二十四迥　二十五有　二十六寝　二十七感　二十八俭　二十九豏

去声：一送　二宋　三绛　四寘　五未　六御　七遇　八霁　九泰　十卦　十一队　十二震　十三问　十四愿　十五翰　十六谏　十七霰　十八啸　十九效　二

十号　二十一个　二十二祃　二十三漾　二十四敬　二十五径　二十六宥　二十七沁　二十八勘　二十九艳　三十陷

入声：一屋　二沃　三觉　四质　五物　六月　七曷　八黠　九屑　十药　十一陌　十二锡　十三职　十四缉　十五合　十六叶　十七洽

二八一。*《广韵》为何人所编？

《广韵》为宋陈彭年增《切韵》《唐韵》而成之作，为官定之韵书。《广韵》全称《大宋重修广韵》。共分上平、下平、上、去、入五卷，共二百六韵，平声五十七韵（上平二十八韵，下平二十九韵），上声五十五韵，去声六十韵，入声三十四韵。

二八二。《集韵》为何人所编？

《集韵》十卷，为宋丁度、司马光所编，系增益《广韵》而成，韵目与《广韵》同。

二八三 ◎ 《中原音韵》编者何人？

《中原音韵》,元周德清编,为北曲曲韵专书。

二八四 ◎ 《太平御览》为何时何人所撰？

《太平御览》,凡一千卷,以天部始,以百卉部终,共分五十五部,征引浩博,今古无匹;宋太平兴国二年(977年),李昉等奉敕撰,为我国有名之类书。

二八五 ◎ *《文苑英华》为何时何人所撰？

宋太平兴国中,李昉奉敕纂《文苑英华》一千卷。《文选》迄于梁初,此书起于梁末,盖以上继《文选》而作,选唐人作品独夥。与《太平御览》《册府元龟》《太平广记》合称"宋四大书"。

二八六 ◦ * 试举历代著名之类书若干

历代著名之类书，略如下：

书名	卷数	纂者	成书时间
《北堂书钞》	百六十卷	唐·虞世南撰	隋代
《艺文类聚》	一百卷	唐·欧阳询等奉敕撰	唐贞观
《初学记》	三十卷	唐·徐坚等奉敕撰	唐开元
《太平御览》	一千卷	宋·李昉等奉敕撰	宋太平兴国八年
《册府元龟》	一千卷	宋·王钦若等奉敕撰	宋景德二年
《玉海》	二百卷	宋·王应麟撰	
《永乐大典》	二万二千九百卷	明·解缙等奉敕编	明永乐间

史学

二八七 ◦ 《新五代史》《旧五代史》之概略

《旧五代史》，百五十卷，宋薛居正撰。纪六十一，志十二，传七十七，梁、唐、晋、汉、周各为一帙，而合为一编。其后欧阳修别撰《五代史记》（即《新五代史》）七十四卷，本纪十二，列传四十五，考三，世家年谱十一，附录三。上拟龙门，皆刊削旧史之文。意主断制，尽列本纪于前，而历朝家人、历朝不事二姓之臣，自为一类。其特异者，如死事、一行、义儿、伶官、宦者诸传，皆创例也。

二八八 ○ 《宋史》之概略

《宋史》，元托克托总裁；而出于欧阳元、虞集、揭傒斯诸手。在一部"二十四史"中，卷帙独繁。共四百九十六卷，其总目本纪四十七，志一百六十二，表三十二，列传二百五十五。然叛臣传后六卷，皆题曰世家，而总目未及之也。行文往往失之太繁。南宋以后，文苑仅载数人，循吏竟不列传，此又疏略之病。托克托原名脱脱，为清高宗所改译。

二八九 ◎ 《辽史》《金史》之概略

《辽史》一百十五卷,亦元托克托撰。本纪三十卷,志三十二卷,表八卷,列传四十五卷。《辽史》不作天文志,但作历象。游幸属国,虽见于本纪,仍列为表;部属虽见于营卫志,亦列为表,颇近于复。

《金史》一百三十五卷,亦元托克托之作。凡本纪十九卷,志三十九卷,表四卷,列传七十三卷。明监本于卷三十三及七十六中有阙文,清殿本则刊足。其文体足法于后世者,为交骋表。

二九〇 ◎ 《元史》之概略

《元史》二百十卷,明宋濂等撰。总目本纪四十七卷,志五十八卷,表八卷,列传九十七卷。

二九一 ◎ 《新元史》之概略

《新元史》二百五十七卷,今人胶州柯劭忞撰。徐世昌誉为"博极群言，搜采金石，旁译外史，远补遗文；罗一代之旧闻，萃毕生之精力；洵属诠采宏富，体大思精"。本纪二十六，表七，志七十，列传一百五十四。

二九二 ◦ 《宋史新编》之概略

明柯维骐病《宋史》芜杂，乃著《宋史新编》，凡二百卷：本纪十四卷，志四十卷，表四卷，列传一百四十二卷。

二九三 ◦ 《元史新编》之概略

《元史新编》，清魏源撰，凡九十五卷：本纪十四卷，列传四十二卷，表七卷，志三十二卷。

二九四 ◦ 《资治通鉴》内容若何？

编年之书，自荀悦《汉纪》，袁宏《后汉纪》以后，唯《资治通鉴》二百九十四卷为大宗。司马光竭十九年之力，正史之外，采杂史逾二百种；其稿在洛阳中盈两

司马光

(1019—1086),字君实,陕州夏县(今属山西)人

《故宫周刊》

屋。助其事者，为刘攽、刘恕、范祖禹，皆当代通儒。上起周威烈王，下终五代，计一千三百六十二年。又略举事目，年经国纬，以备检阅，别为《目录》三十卷。参考异同，伸其意旨，别为《考异》三十卷。

二九五。《续资治通鉴》以何人所作最为完备？

《续资治通鉴》以清人毕沅所作二百二十卷最称完备。

子学

二九六。何谓丛书？

上古无辑录群书为丛书者，至唐陆龟蒙有《笠泽丛书》；丛书二字，始见于此。然实为诗文集之别称。宋温陵曾慥集《穆天子传》以下二百五十种为《类说》；虽各标书名，而文非全录。唯宋宁宗时，太学生俞鼎孙集《石林燕语辨》六种，集刊《儒学警悟》十卷，实为丛书之始构。

文学

二九七 ○ 何谓 "诗余"?

"诗余"者,词之异名也。自古诗变为乐府,自乐府又变为长短句,故称词曰"诗余"。

二九八 ○ 何谓小令、中调、长调?

旧说五十八字以下为小令,九十字以下为中调,过此则为长调。今之论者,谓以字数区分,太过拘执,不如分为小令与慢调二种,理亦有当。

二九九 ○ 词调之最短者为何调?最长者为何调?

词调之最短者,为《苍梧谣》,仅十六字,亦名《十六字令》;最长者为《莺啼序》,共四叠,凡二百四十字。

三〇〇 ◦ 词与曲之区别？

曲主可歌，唐宋词皆可歌，词与曲一也。自有不能歌之词，而能歌者又渐变为曲，则宋间之所谓曲也。近人王易论词曲之界有三，兹节录于次：

（一）结构　词之体制，有令、引、近、慢之分。最短者十余字，最长者二百四十字。有单调一段者，有双调二段者，有三段四段者。曲则有一支小令，二支四支之重头全套，有尾之散套大套。诸曲调中句字不拘，可以增损，或加衬字，不似词之一成而少变也。至曲之平仄韵脚活动，亦不似词之拘守定谱，不得通融。

（二）音律　词音简，便于和歌；曲音繁，期于悦耳。观姜白石词之旁谱十七支，皆一字一音，不似曲之音有多至十余可知矣。

（三）命意　词意宜雅，曲则宜稍通俗。词为文士大夫所为，而曲则托之优伶乐人。故词可表现作者之性情，而气体尚简要；曲则着重听众之观感，而情韵贵旁流。词敛而曲放，词静而曲动，词深而曲广，词纵而曲横。以词笔为曲，不免意徇于辞；以曲法为词，亦将辞

欧阳修

(1007—1072),字永叔,号醉翁、六一居士,庐陵(今江西吉安市永丰县)人

《历代名臣像解》

浮于意。(《词曲史》)

三〇一 ◎ 何谓"鼓子词"?

北宋赵德麟(令畤)述《会真记》事,凡《蝶恋花》词十阕,又别为二曲作起结。(见《侯鲭录》)自记云:"撰成鼓子词十章。"仅有词而无演白,合鼓而歌。论者推为近代戏曲之祖。

三〇二 ◎ 何谓"传奇"?

陶九成曰:"唐有传奇,宋有戏曲,金有杂剧院本,而元因之。"(《南村辍耕录》卷二五《院本名目》)"传奇"为小说之一种。唐人故意好奇,假小说以寄笔端;此类文字,当时或为丛集,或为单篇;大率篇幅曼长,记叙委曲,时亦近于诽谐,故论者贬之曰"传奇"。其后则成为南曲之别名,凡曲有四五十折者皆名之,用别于元之杂剧。元明戏曲,多取材于唐传奇小说,此亦得名之一因也。

三〇三 ◦ 何谓"杂剧"？

"杂剧"之名起于宋，其剧文即曲也。《宋史·乐志》："真宗有杂剧词。"《梦粱录》谓："教坊大使孟角球曾做杂剧本子。"元以后始有一定体段与曲调。普通杂剧，大率四则，或加楔子以足其未尽之意。元杂剧始于北而推于南，故亦谓之北曲。

三〇四 ◦ 《花间集》之辑者谁氏？试言其内容

《花间集》辑于五代，成于后蜀赵崇祚之手，为足本最古之词总集。全集十卷，每卷五十首，合五百首，尽为小令，盖其时体制然也。其所登选，以蜀人为多。一人各为一卷，或同一作者分见两卷。凡姓氏下辄系其官守，遂开后来选家著录氏籍之先河。

三○五 ◦ 南唐二主为谁？皆擅长何种文学？

南唐二主为中主李璟、后主李煜，皆以词擅长。中主词现存者较少，后主词留传者尚多，后主前期颇多华艳之作，亡国后词益哀怨凄恻，动人心魄。论者推为词史上伟大词人之一。

三○六 ◦ 冯延巳之词如何？

冯延巳为南唐词人之一，所为词思深句丽，韵逸调新。王国维《人间词话》评冯云："冯正中虽不失五代风格，而堂庑特大，开有宋一代风气。"

三○七 ◦ 何谓"西昆体"？

"西昆体"为宋文学之新纪元。因杨亿所辑《西昆酬唱集》得名。其诗专以李义山为宗，潜以渔猎掇拾为博，以俪花斗果为工，嫣然华美而气骨不存。每多滥调，殊少神韵。甚或窃取义山诗句，生吞活剥。故后人论诗，皆谓《西昆集》对偶尚工，而佳句殊少也。

李煜

李後主像

《三才图会》

(937—978)，字重光，号钟隐，本名从嘉，南唐后主，祖籍徐州（今属江苏），生于金陵（今江苏南京）

三〇八 ◦ 何谓江西诗派?

江西诗派之说,起于吕本中(居仁)。绍兴中,本中自岭外归,居临川。取近世以诗知名者陈师道、潘大临、谢逸等二十五人,谓皆本自山谷,图为江西诗派。本中此图之作,选择未精,议论不公,识者非之。

三〇九 ◦ 何谓苏门六君子?

东坡长公,子由少公,门下有客四人,曰黄鲁直(庭坚)、秦少游(观)、晁无咎(补之),长公客也;张文潜(耒),少公客也;时号"苏门四学士"。益以陈履常(师道)、李方叔(廌),又称"苏门六君子"。

三一〇 ◦ 何谓 "诚斋体"?

南宋杨万里(号诚斋)所为诗,状物写情,自由放肆,独辟蹊径,时人目之为"诚斋体"。

苏轼

（1037—1101），字子瞻，号东坡居士，眉州眉山（今属四川）人

《历代名臣像解》

三一一 ◦ 何谓"永嘉四灵"?

宋诗人徐照、徐玑、翁卷、赵师秀皆永嘉人,所为诗刻意雕琢,翻陈出新,时称"永嘉四灵"。

三一二 ◦ *《沧浪诗话》为何人所作?

《沧浪诗话》,宋严羽所作。分为《诗辨》《诗体》《诗法》《诗评》《考证》,为有宋最负盛名之诗话。主张"诗有别材,非关书也;诗有别趣,非关理也。然非多读书、多穷理,则不能极其至,所谓不涉理路、不落言筌者,上也。诗者,吟咏情性也。盛唐诸人惟在兴趣,羚羊挂角无迹可求。故其妙处透彻玲珑不可凑泊,如空中之音、相中之色、水中之月、镜中之象,言有尽而意无穷"。(《诗辨》)

三一三 ◦ 宋词分几派?代表作者为谁?

宋词有南北两派:南派柳耆卿、周邦彦等,以婉约为主；北派苏东坡、辛稼轩等，以豪放为主。"柳郎中词，只合十七八女郎，执红牙板，歌'杨柳岸，晓风残月'。学士词，须关西大汉，铜琵琶，铁绰板，唱'大江东去'。"（俞文豹《吹剑续录》）

三一四 ◦ 易安居士系何人？

李清照，宋济南人，号易安居士，礼部郎格非之女，湖州守赵明诚之妻，为宋代一大词家，著有《漱玉词》。

三一五 ◦ 南宋词坛能继苏派者为谁？

南宋辛弃疾为苏派之继承者，且为改革者，其词清旷悲壮，喜采用散文句法，较东坡"诗人之词"，更进一步。

三一六 ◦ 白石道人为谁？其词如何？

姜夔字尧章，南宋鄱阳人。因寓居吴兴之武康，与白石洞天为邻，自号白石道人，又号石帚。所为词，辞句工巧，音律和谐。

李清照

(1083—1155?),号易安居士,济南(今属山东)人,按世谓生年1084者,误

陆游

(1125—1210),字务观,号放翁,越州山阴(今浙江绍兴)人

《石画历代圣贤像》

三一七 ◦ 宋代 "话本" 流传者尚有几种?

(一)《新编五代史平话》;
(二)《大宋宣和遗事》;
(三)《大唐三藏法师取经记》(诗话);
(四)《京本通俗小说》。

三一八 ◦ 《太平广记》为何书?

《太平广记》系宋太平兴国二年(977年)李昉等奉敕监修。分五十五部,所采书三百四十五种;虽多谈神怪,而名物典故,错出其间。

三一九 ◦ 何谓 "平话"?

"平话"为宋代之白话小说,亦称诨词小说,又名"话本",为当时说话人所用之底本。

三二〇 ◎ 何谓 "弹词"？

"弹词"一名"盲词"，亦名"陶真"。盖以故事编为韵语，有白有曲，可以弹唱者也。

三二一 ◎ * 试述 "曲" 之类别

明徐师曾云："高下长短委曲以道其情者曰曲。"（《诗体明辨说》）曲之类别，略如下：

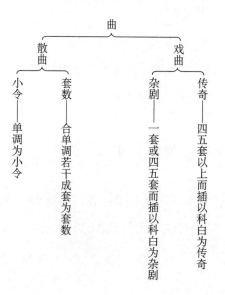

三二二 ◦ 元曲四大家为谁？

元曲四大家者，关汉卿、白朴、马致远、郑光祖是也。关、白、马均元初人，郑则生年稍后。论评汉卿一空依傍，自铸伟词，而其言曲尽人情，字字本色，当推为作家第一。白、马高华雄浑，情深文明。郑则清丽芊绵，自成馨逸。关作今存十三本，白作存二本，马作存六本，郑存四本。此外尚有王实甫、乔吉合称六大家。

三二三 ◦ 《西厢记》有几种？

《西厢记》出于元微之之《会真记》。唐代传奇之《会真记》，一转而为赵德麟之"商调鼓子词"，再转而为董解元之"西厢记挡词"，此为《西厢记》直接之蓝本。三转而为北曲《西厢记》，四转而为明之南曲《西厢记》。清梁廷枏《曲话》云："《西厢记》作自元人，董解元作《弦索西厢》，王实甫作《西厢记》，关汉卿作《续西厢记》，明陆采作《南西厢》，国朝周坦纶作《竟

西厢》，研雪子作《翻西厢》，无名氏作《后西厢》，查继佐作《续西厢》。"（卷一）

三二四。《元人百种曲》为何人所选？

《元人百种曲》为明臧晋叔选，凡分十集，金元戏曲之见存者，当推此为渊薮。

中华文化之靡漫

(明朝)

辛编

三二五 ○ 何谓《永乐大典》？

明成祖永乐元年（1403年），敕解缙、姚广孝等所编。以韵字类聚经史子集、天文地志、阴阳医卜、僧道技艺之言为一书，凡二万二千八百七十七卷，召国学、县学能书生员缮写。计共一万一千九百九十五册，五年书成。初名《文献大成》，后更名《永乐大典》。正副两本，屡经变乱，渐有遗失；庚子以后，散佚尤多。今仅存六十余册，藏国立北平图书馆（即今国家图书馆——今按）。

永乐大典图

首都博物馆藏

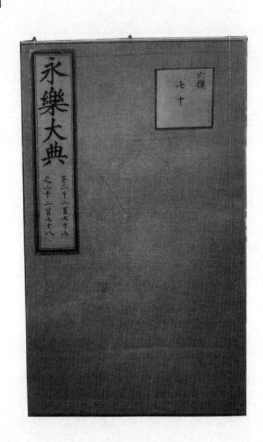

经学

三二六 ◎ 何谓姚江学派？

明王阳明（守仁），学主"知行一体""良知""为善去恶""心即理"等，王为浙江余姚人，故后世称姚江学派。

三二七 ◎ ＊试述王阳明心学之旨归

王守仁（阳明）雅好文学，工诗。其文博大昌明，雅健有光彩。上承宋濂、方孝孺，下开唐顺之、归有光之先声。其诗格局典正，不矜奇巧，而秀逸有致。后乃幡然悔计，以为"学如韩柳，不过文人；辞如李杜，不过诗人。唯志心性之学，以颜、闵为期者，乃人间第一等德业也。"其学以致良知为主。谓格物、致知，当自求诸心，不当求诸事物。故于宋儒特推重陆象山。尝筑室于阳明洞中，学者称为"阳明先生"。

阳明以良知为天地、人心之固有，曰："良知之在

王守仁

（1472—1529），字伯安，世称阳明先生，浙江绍兴府余姚（今属浙江宁波）人

《国粹学报》

人心,无间于圣愚,天下古今之所同也。"又曰:"良知之在人心,亘万古、塞宇宙二无不同。"王学之核心又为"知行一体"。何谓知行一体?凡吾所知,其有善者(即良知),则吾行行之;凡吾所行,亦有善者,则吾心印之。则知、行如人之两足,交互为用,踏步趋前,达诸日新又新之境界。故"知行一体"亦方法论,其知之行之,端在一"良"字,为恶作恶,亦"知行合一",岂其正鹄哉!

三二八 ◎ 明末五先生皆为何人?

明末五先生如下:

孙奇逢	著《四书近指》《读易大旨》等
顾炎武	著《石经考》《音学五书》《日知录》等
王夫之	著《船山全集》
李　颙	著《四书反身录》《二曲集》等
黄宗羲	著《南雷文定》《宋元学案》《明儒学案》《明夷待访录》等

三二九 ◦ *《洪武正韵》编者何人？

《洪武正韵》，明太祖洪武八年（1375年）敕乐韶凤、宋濂等十一人编，共十六卷。元人编《蒙古字韵》仅存十五韵，与唐宋音韵甚远。足见蒙古人入主中原，致声音淆乱，为我国历史之绝无仅有。明太祖力图恢复唐宋旧制，复科举、立儒学。《明史·乐韶凤传》："八年，帝以旧韵出江左，多失正，命与廷臣参考中原雅音正之，书成，名《洪武正韵》。"平声二十二韵，上声二十二韵，去声二十二韵，入声十韵。

史学

三三〇 ◦ 《明史》之概略

《明史》，清张廷玉等撰，凡三百三十二卷。本纪二十四，志七十五，表十三，列传二百二十。先后其事者，名臣大儒，盖以百计。七卿表为创体，明废左右丞相，政归六部，而都察院纠察百司，为任亦重，故合而七也。列传创新例者三：曰阉党，曰流贼，曰土司。

子学

三三一。《说郛》为何时何人所辑？

《说郛》，明陶宗仪编，体例如曾慥《类说》，而采撷较富，所摘录亦稍详。原本一百卷，后佚三十卷。弘治中，郁文博补足之。清陶珽刊本，增为百二十卷。

三三二。撰《尚友录》者何人？

《尚友录》，明廖用贤撰，凡二十二卷，记周秦至南宋名人，其书以韵为纲，以姓为目，颇便检查。其后潘氏搜遗撰续集，张氏复续以辽金元明为三集；坊刻本益以清代，合为一编。

文学

三三三 ◎ 何谓八股文？

八股文者，明清两朝应制科之一种文体也。清末科举废而此体遂绝。一名制义，又曰时文。元仁宗延祐中，定科举考试法，于是王充耘始造八比一法，名"书义矜式"。明太祖与刘基又重定格式，乃为明时应制科之体式。英宗天顺以前，敷衍传注，或对或散，初无定格。至宪宗成化以后，以反正、虚实、浅深、扇扇立格，始有八股之式。其文之长短、字数以功令规定，文中有破题、承题、起讲、提比、虚比、中比、后比、大结诸名，逐段构成。破题起首二句，道破题之字面及意义；承题申明破题之意，一篇之眉目也，短者三四句，长者不过五六句；起讲一曰原起，一篇开讲之处，文中之咽喉也；提比一曰提股，起讲后入手之处；虚比一曰虚股，承提比而后说者，后人或用或不用；中比一曰中股，两比立柱分应，犹人之胸腹；后比畅发中比之所未尽者，或推开、或衬垫，如人之两腿；大结一篇之结尾，收束前意，须遒紧有力。盖八股文体，如唐应举诗，有破题、领比、颈比、腹比、后比、结属诸名目，而以帖括见长者矣。

三三四 ◎ 何谓"台阁体"？

明永乐以后，迄成化末，八十年间，海内晏安。杨士奇、杨荣、杨溥三元老，并以文雅见任，时号三杨；其诗文称"台阁体"。三老之作，皆平和宽博，纡徐宛转，唯少精悍沉郁之气，殆澄平时代达官贵人之产物也。

三三五 ◎ 试述明代前七子及后七子之姓名

（一）明代前七子：李梦阳、何景明、徐桢卿、边贡、康海、王九思、王廷相。

（二）明代后七子：李攀龙、谢榛、宗臣、梁有誉、王世贞、徐中行、吴国伦。

三三六 ◦ 何谓"公安体"及"竟陵体"？

明万历年间，袁宗道（伯修）与弟宏道（无学）及中道（小修）三人，皆富时誉。力排王（世贞）、李（攀龙），尊奉香山、东坡，好为清新轻俊之词。袁为公安人，称为"公安体"。

"竟陵体"则钟惺、谭元春之所倡，一变袁氏昆仲之清真，而为幽深孤峭；选隋唐诗，以明其旨，因籍隶竟陵，遂亦以此立一派别。

三三七 ◦《汉魏六朝百三家集》为何人所辑？

《汉魏六朝百三家集》为明末张溥所选。溥与同里张采齐名，号"娄东二张"，复社之主脑也。

三三八 ◦ 南曲盛行于何代？

南曲盛行于有明一代。正德提倡，不遗余力。一时作者纷起,如杨慎、王世贞、汤显祖、祝允明、唐寅等,皆为堂堂大家。

三三九 ◦ 试述元明著名之传奇

(一)《琵琶记》 高明撰;

(二)《牡丹亭》 汤显祖撰;

(三)《燕子笺》 阮大铖撰;

(四)《荆钗记》 朱权撰(此据王静安说);

(五)《刘知远》 无名氏撰;

(六)《拜月亭》 施惠撰(?);

(七)《杀狗记》 徐仲由撰。

三四〇 ◦ 试述明代之著名章回小说

(一)《水浒传》 施耐庵撰;

(二)《三国志演义》 罗贯中撰;

(三)《西游记》 吴承恩撰;

(四)《金瓶梅》 王世贞撰(?)。

汤显祖

(1550—1616),字义仍,号若士,又号海若、清远道人,临川(今属江西)人

《汤显祖年谱》 [清]陈作霖摹绘

三四一 ◦ 试述明代之短篇小说

（一）《清平山堂所刻话本》；

（二）万历版《话本小说四种》；

（三）三言——《喻世明言》《警世通言》《醒世恒言》（冯梦龙辑）；

（四）两拍——《拍案惊奇》《二刻拍案惊奇》（凌濛初辑）；

（五）《今古奇观》（抱瓮老人选辑）；

（六）《醉醒石》载平话十五种（东鲁古狂生辑）；

（七）《西湖二集》（周清原纂）。

中华文化之偏盛

（清代）

壬编

三四二。《古今图书集成》之内容若何？

《古今图书集成》，为清代康熙、雍正两朝所选集，经筵讲官户部尚书蒋廷锡等奉敕校，卷帙浩繁，历时甚久，内容如下：

编	典
历象汇编	乾象典、岁功典、历法典、庶征典
方舆汇编	坤舆典、职方典、山川典、边裔典
明伦汇编	皇极典、宫闱典、官常典、家范典、交谊典、氏族典、人事典、闺媛典
博物汇编	艺术典、神异典、禽虫典、草木典
理学汇编	经籍典、学行典、文学典、字学典
经济汇编	选举典、铨衡典、食货典、礼仪典、乐律典、戎政典、祥刑典、考工典

以上六汇编，三十二典，六千一百九部，共一万卷。

三四三 ○ 何谓《四库全书》？

清乾隆二十七年（1762年），开四库全书馆，征求天下书籍，编为《四库全书》。《四库全书》者，包括经史子集而言也。是书以经史子集提纲列目，经部分十类，史部分十五类，子部分十四类，集部分五类，或流别繁碎者，又各析为子目，使条理分明。四部之首，各冠以总序，四十三类之首，亦各冠以小序，述其源流正变，及分并改隶之由也。所录诸书，各以时代为次。其历代帝王著作，从《隋书·经籍志》例，冠各代之首。至于有清列朝所制，及乾隆御撰，奉高宗命，各从门类，弁于清代之前。书经十余年而成，统计收书三千四百余种，七万九千余卷，三万六千余册。分钞七份，建七阁以贮之。文渊阁在文华殿后（书现在上海）（此为1934年现状——今按），文溯阁在辽宁行宫（已为日人攫去），文津阁在热河避暑山庄（书现存国家图书馆——今按），文源阁在圆明园：此名内廷四阁。今文源

四库全书图

全书总纂纪昀（晓岚）手书《四库全书简明目录》

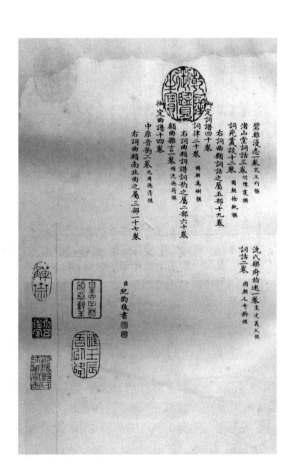

碧鸡漫志一卷 宋王灼撰
渚山堂词话三卷 明陈霆撰
词苑丛谈十二卷 国朝徐釚撰
沈氏乐府指迷一卷 宋沈义父撰
词诘二卷 国朝毛奇龄撰

右词曲类词话之属五部十九卷

御定词谱四十卷
词律二十卷 国朝万树撰
右词曲类词谱词韵之属二部六十卷

顾曲杂言一卷 明沈德符撰
中原音韵二卷 元周德清撰
御定曲谱十四卷
右词曲类南北曲之属三部二十七卷

臣纪昀敬书

阁所藏，荡然无存；其余三阁，尚无阙失。又以江浙为文人所聚，特于江苏扬州之大观堂建文汇阁，镇江之金山寺建文宗阁，浙江西湖之孤山建文澜阁。文汇、文宗毁于太平天国之乱，文澜之书亦于乱后补抄，非当年旧帙，今改存浙江图书馆中。

三四四 ◎ * 试述纂修《四库全书》之功与罪

清以纂修《四库全书》之名，行钳制思想、垄断文化之实。自乾隆二十七年诏各省进书，不及三年即基本采进完备；其后在全国范围内，查缴"违碍""悖逆"各书，竟长达十九年之久。《四库全书》收书三千四百七十一种，而毁禁之书竟与此相垺，竟达三千一百余种。既收录之书，亦详加勘察，施以改窜、芟除，加以抄写讹夺，在在而有，故其收书虽云浩如烟海，而求其善本，则可谓几至于无。其编书之全过程中，行文字狱四十余次，销毁书籍在十五万部以上，"旷世巨典"成为旷世浩劫。今人知《四库全书》为我国最大之丛书，亦须知其为历史文化之大浩劫。

三四五 ◎ * 试述清代之文字狱及其影响

有清之世，初因明季遗臣若侯朝宗、魏叔子、顾亭林、黄梨洲等皆不就征召，闭户读书。汉学宋学，黄、顾奠其基；唐宋古文，侯、魏持其绪。遂祭三百年文章学术之先河。康、雍、乾三朝大兴文字之狱，残酷暴烈，史无前例，钳制束缚汉人言论思想之自由，一面更提倡学术，奖劝文教，轨范人之才智于古书旧籍之中。因是考据之学日臻昌盛，文学亦如老干之茁新枝。余风所被，终清之祀不衰。独以政治之力量足以约束学术之故，方其鼎盛之时，已不免糅入迂拘陈腐之渣滓，末流之渐，乃尽暴破碎空疏之面目。有清一代学术之价值，平心以衡量之，终觉发扬整理之功多，而翻新创造之力小。复以力学之士，辄因专精而偏骛，难免囿此而闵彼。

三四六 ◎ * 清代朴学偏盛之缘由

清代以朴学承继汉学而极盛，究其原因，盖由于宋明理学之反动，不尚空谈，而提倡实学。此其冠冕堂皇之说也。实则清代朴学偏盛，以清廷屡下文字之狱，钳制人口，文人迫于高压，乃不能不埋头故纸，爬疏捃撫，出于考据之一途。不然，止于对理学之批判，何以不见其他学术之发达，唯有考据之学，一枝独秀也，事之果然，断无是理。

经学

三四七 ◦ 清代著名之汉学家为谁？

以毛奇龄、朱彝尊、惠士奇、戴震、钱大昕、王念孙、王引之为最著。

三四八 ◦ 清代汉学家之精神何在？

清代汉学家其治学根本方法，在"实事求是""无征不信"；其研究范围以经学为中心，而衍及小学、音韵、史学、天算、水地、典章制度、金石、校勘、辑逸等。引证取材，多极于两汉。其治学精神如此，虽有古文家者，假因文见道之名，欲承宋学之桃，时与汉学为难，然志力两薄，亦莫能张其军。

三四九 ◎ "六经皆史" 一语出于何典？

"六经皆史"一语，见清章学诚所著《文史通义·内篇·易教上》；其言曰："六经皆史也。古人不著书，古人未尝离事而言理；六经皆先王之政典也。"

三五〇 ◎ 《皇清经解》为何人所汇刊？

《皇清经解》，一名《学海堂经解》。清道光初，阮元立学海堂于岭南以课士；士之愿学者，苦不能备观各书；于是阮氏尽出所藏，选其应刻者付之梓人，以惠士林；委门下夏修恕总其事，校刊剖劂，四载始竣，计书一百八十三种。清王先谦又辑《皇清经解续编》，刊于江阴之南菁书院，共二百九种。

三五一。《古文尚书疏证》作者何人？

清阎若璩,年二十读《尚书》至古文二十五篇,颇疑其伪,沉潜研究历三十余年,乃尽获其症结所在,作《古文尚书疏证》八卷。

三五二。试述《古文辞类纂》之分类法

桐城姚姬传(鼐)编次战国至清文章为《古文辞类纂》,其类十三:曰论辨类、序跋类、奏议类、书说类、赠序类、诏令类、传状类、碑志类、杂记类、箴铭类、颂赞类、辞赋类、哀祭类,一类内而为用不同者,别之为上下编云。

三五三。《书目答问》为何人所作？

《书目答问》,凡一册,清张之洞著,一说缪荃孙为张之洞编,分经目、史目、子目、集目、丛书目、别录、姓名略,举书共二千余部,分类以求,极便翻检。

三五四 ◎ 何谓 "注音字母"？创于何时？

最早倡汉字标音者，北方有王照，南方有劳乃宣，皆未成功。清末章太炎自日本归，按守温三十六母，造成极简单之汉字，又拼广韵二百六韵，共创五十八字母，但未通行。民国二年，教育部始照章氏新法，采用简单汉字为标音之符号，规定"注音字母"三十九母，其中声母二十四，韵母十五，兹录于下：

声母　ㄅㄆㄇㄈ万ㄉㄊㄋㄌㄍㄎㄫㄏㄐㄑ广ㄒㄓㄔㄕㄖㄗㄘㄙ

韵母　ㄧㄨㄩㄚㄛㄜㄝㄞㄟㄠㄡㄢㄤㄣㄥㄦ

此注音字母，除我国台湾地区尚用外，今已通用拉丁字母之"汉语拼音方案"。

三五五 ◎ 试述《康熙字典》撰成之经过

清康熙五十五年（1716年），张玉书等奉敕撰《康熙字典》，共四十二卷，分十二集，二百一十四部。每字详其声音训诂，皆先今韵而后古韵，先正义而后旁义；古文俗体，无不载也。道光七年（1827年）重修，并命王引之作《考证》三十卷，改正讹谬颇多。

三五六 ○ * 历代文字增减数目表

历代文字增减数目，可以下表见其大凡：

著者	书名	收字数
秦·李斯	《仓颉篇》	三千三百字
汉·许慎	《说文解字》	九千三百五十三字
魏·李登	《声类》	一万一千五百二十字
魏·张揖	《广雅》	一万八千一百五十一字
梁·顾野王	《玉篇》	二万二千七百二十六字
隋·陆法言	《切韵》	一万二千一百五十八字
宋·陈彭年	《广韵》	二万六千一百九十四字
明·乐韶凤	《洪武正韵》	三万二千二百五十四字
清·张玉书等	《康熙字典》	四万二千一百七十四字

三五七 ○ 《佩文韵府》为何时何人所撰？

《佩文韵府》，清圣祖敕撰，正集及拾遗共二百十二卷。此书分韵隶事，荟萃阴幼遇《韵府群玉》及凌稚隆《五车韵瑞》二书，详加增补。首列"韵藻"，即二书所已录者；次标"增字"，则新收之字也。网罗繁博，词章家极便翻检，佩文为清帝书斋之名，在海淀旧畅春园内。

三五八 ◎ 《渊鉴类函》为何人所著？

《渊鉴类函》，凡四百五十卷，清康熙时敕撰，因俞安期之《唐类函》，增广条例，于元明以前之文章事迹，多所采集，胪列纲目，在类书中以详瞻见称。

三五九 ◎ *《马氏文通》为何人所著？属于何类？

中国曩无文法专书，有之，自《马氏文通》始。氏名建忠，清光绪年间人，对于文字源流，研究素有心得；逐取古籍，为之字栉句比，繁征博引，比例而同之，触类而长，穷古今之简篇，字里行间，求其贯通，辑成《文通》一书。论者谓之古文文典；然虽今之言国语文法者，亦莫不引证其说也。至其缺憾，诚如叶圣陶曰:"以我国文字之习惯,凑合泰西 Grammar 之骨骼而为说明,不免有'削足适履'之感。"

三六〇 ○ * 试论义理、考据、词章

我国昔时析义理、考据、词章为三,或主专精,或主兼有。义理之学,究天之理者,近于科学,以真为道;原人之心者,近于伦理之学,以善为体。考据之学,运用之方法近于科学,以真为事;词章之学,表现之技术接于纯文学,以美为归。先秦之文,多以立意为宗,不以能文为本,义理之学也,宋明理学家阐扬之;两汉整理经籍,考据之学也,清儒补苴之;六朝唐宋之骈文古文,词章之学也,后世宪章之。各得一偏,分立门户,盖皆昧于迹分理合、异趋同归之旨者也。姚鼐《述庵文钞序》云:"余尝论学问之事有三端焉,曰义理也,考证也,文章也。是三者苟善用之,则皆足以相济;苟不善用之,则皆至于相害。"盖已知大才必能合三者以相济,而己则惧其相害而专力于文章一途也。《文史通义·说林》云:"人之有能有不能者,无论凡庶圣贤,有所不免者也。以其所能而易其不能,则所求者

可以无弗得也。主义理者拙于辞章,能文辞者疏于征实。三者交讥,而未有已也。义理存乎识,辞章存乎才,征实存乎学,刘子元所以有三长难兼之论也。一人不能兼,而咨访以为功,未见古人绝业不可复绍也。私心据之,唯恐名之不自我擅焉,则三者不相为功,而且以相病矣。"

三六一 ◎ * 试述顾亭林在清代学术界之地位

（一）开一代学风：摈除理气性命之说,从客观方面研究事理；

（二）开治学方法：勤搜史料之外,注重综合研究,参验见闻；

（三）开学术门类：参证经训史迹,讲求音韵,述说地理,精研金石等。

三六二 ◎ 试述康有为《新学伪经考》之要点及其影响

《新学伪经考》要点：

顾炎武

(1613—1682),初名绛,字忠清,明亡后改名炎武,字宁人,号亭林,昆山(今江苏昆山)人

《清代学者像传》

（一）西汉经学，并无所谓古文者，凡古文皆刘歆伪作；

（二）秦焚书，并未厄及六经，汉十四博士所传，皆孔门足本，并无残缺；

（三）孔子时所用字，即秦汉间篆书，即以"文"论，亦绝无今古之目；

（四）刘歆欲弥缝其作伪之迹，故校中秘书时，于一切古书，多所羼乱；

（五）刘歆所以作伪经之故，因欲佐莽篡汉，先谋湮灭孔子之微言大义。

其所生之影响：

（一）清学正统派之立足点，根本摇动；

（二）一切古书，皆需从新检查估价。

章氏之论，于过去经学之成说，颇多颠覆，令人耳目为之惊悚者，不在少数。

三六三 ◦ 梁任公一生学术以何为最精？

梁任公学术渊博，无所不窥。论者每诟其所治太杂，未克集中精力，向前迈进；故虽有所得，亦入焉不深。氏自为诗，固尝之言："吾学病爱博，是用浅且芜，尤病在无恒，有获旋失诸；百凡可效我，此二无我如！"唯氏思如狂澜，才尤卓越：每一操笔，辄数万或数十万言，不能自休；文章条理明晰，而富情感，娓娓有致。著述等身，古无其匹，所为《秦政治思想史》《清代学术概论》《中国历史研究法》，皆不朽之作，日人桑原骘藏亦评氏于史学为最精。

三六四 ◎ 章炳麟在学术史上之地位如何？

章太炎为清代学者仅存之硕果（1934年撰稿时，章太炎尚在世——今按），梁任公谓其能在衰落中，为正统派大张其军。氏受学于曲园老人，治小学极谨严，又深受全祖望、章实斋之影响。治小学以音韵为主干。所著《文始》《国故论衡》《检论》诸作，颇多精议，言人未言。氏少时治经，慤守朴学；继阅佛藏，深有所得。中岁以后之收获，尤非清学所能限制，影响于学术界者至大。唯氏治小学排斥钟鼎文、龟甲文，治经学则反对"今文派"，其锢蔽自封，思想复古，要亦不可为讳也。氏之书籍，刊行者有《章氏丛书》，内凡论著十余种。

三六五 ○ 王国维在国学上之贡献如何？

王国维在国学上之贡献，其门人朱芳圃为文述之甚详。兹就朱文撮要录之：

（一）古文字学　其最大之成绩，在探出文字进化之程序，与建设文字学之新系统。

（二）史地学　考释甲骨文字及殷周金文所得之结果，著《古史新证》，为史学界开一新局面。

（三）古物学　王氏目验之富，远过前贤；古制沿革，器物类别，经其考证，皆精确不移。

（四）文学　王氏论文，主清真，不尚模仿，而尤恶有色泽而无本质者。其论宋词元曲，即以此为基本观念。如所为《人间词话》《宋元戏曲史》，前者多深辨甘苦，惬心贵当之言；后者则为氏之创获；皆非胸罗万卷者，不能道也。

史学

三六六 ◦ 《清史稿》之概略

《清史稿》，全书百册，清遗老赵尔巽等撰。五百三十六卷：本纪二十五，志一百四十二，表五十三，列传三百一十六。措词荒谬，阿谀之辞甚多，时为国民政府所禁。初印数百部，分两次发行，购者纷来，未几而罄。余存者，后袁金铠携之出关。近顷虽出重价，亦不易得矣（此为1934年撰稿时情状——今按）。书仿武英殿聚珍版精印，纸亦不恶。

三六七 ◦ 何谓五纪事本末？

五纪事本末如下表：

书名	作者	卷数
《左传纪事本末》	清·高士奇	五十三卷
《通鉴纪事本末》	宋·袁枢	四十二卷
《宋史纪事本末》	明·陈邦瞻	一百九卷

续表

书名	作者	卷数
《元史纪事本末》	明·陈邦瞻	二十七卷
《明史纪事本末》	清·谷应泰	八十卷

三六八 ○ *《三藩纪事本末》为何时何人所作？

《三藩纪事本末》为清康熙时杨陆荣所作。记南明史事，四卷。奉清廷为正宗，以弘光、隆武、永历三朝为藩王。既如此，清廷仍列为禁书，是一大讽刺。

三六九 ○ * 试述《绎史》之体裁及作者

《绎史》一百六十卷，为清马骕所撰，书系纪事本末体，纂录开辟至秦末事。太古三皇五帝，十卷；三代即夏、商、西周，二十卷；春秋十二公时事，七十卷；战国至秦亡，五十卷；外录十卷，记天官、地志、名物、制度等。

三七〇。《东华录》为何书？

《东华录》，清蒋良骐编，所录皆为内廷档案，述清代始自太祖，以迄世宗雍正。王先谦病其简略，为之增补，再以高宗、仁宗、宣宗、文宗、穆宗五朝续之，为《东华续录》，朱寿朋又增德宗一朝。

三七一。*《文史通义》为何书？

章学诚（实斋）撰《文史通义》，独具特识，为史学界辟一新天地。其《自述》云："郑樵有史识而未有史学，曾巩具史学而不具史法，刘知几得史法而不得史意，此予《文史通义》所为作也。"

子学

三七二。清代著名之宋学家为谁？

以孙奇逢、魏象枢、汤斌、陆陇其、李光地为最著。

章学诚(1738—1801),字实斋,号少岩、文渔,又号金粟山人,会稽(今浙江绍兴)人

《清代学者像传》

三七三 ◦ 清代颜李学派之根本精神如何?

在清代学者中,明目张胆以排程、朱、陆、王者,厥为博野颜元,而亦菲薄传注、考证之学,故所谓"宋学""汉学",两皆唾弃。氏生于穷乡,育于异姓,饱经忧患,艰苦卓绝,其学有类罗马之"斯多噶派";其对于旧思想之解放,最为彻底。立言但论是非,不主附和雷同。习行于身者多,劳枯于心者少。意谓:学问绝不能向书本上或讲堂上求之,唯当于社会日常行事中求之。其以实学代虚学,以动学代静学,以活学代死学,与晚近教育思潮最为一致。李塨为氏之弟子,学有师承,兹不具论。

三七四 ◦ 戴东原为何时人? 有何著作否?

戴东原,清安徽人,为著名之汉学家。其著述已刻者,名《戴氏遗书》,凡十五种,兹举其名于下:《毛郑诗考证》五卷,《杲溪诗经补注》二卷(未成),《考工记图》三卷,《孟子字义疏证》三卷,《声韵考》四卷,

《声类表》十卷，《原善》三卷，《原象》一卷，《续天文略》二卷，《水地记》一卷，《方言疏证》十三卷，《水经注》三十五卷，《策算》一卷，《句股割圜记》三卷，《文集》十卷。

三七五。《诸子平议》作者何人？

清俞樾曲园著《诸子平议》，体例一如王念孙之《读书杂志》。

三七六。著《古今伪书考》者为谁？指子部之伪者皆为何书？

清姚际恒著《古今伪书考》，所指子部伪书如下：《鹖子》《关尹子》《亢仓子》《晏子春秋》《鬼法》《吴子》《黄石公三略》《尉缭子》《素问》《灵枢》《神农本草》《列仙传》《文子》《庄子杂篇》《列子》《管子》《金匮》《山海经》《阴符》。

三七七。《四库全书提要》分小说若干类？

《四库全书提要》分小说为三类：（一）叙述杂事；（二）记录异闻；（三）缀辑琐语。

文学

三七八。清初骈体文之著名者为谁？

清初以骈体文著名者，为陈、吴、章三家。陈其年（维崧）才最宏富，吴绮（绮园）稍弱，章藻功（岂绩）极新巧之致；要其淹雅绚烂，闳衍瑰丽，亦足以追步六朝矣。

三七九。清初古文家皆为何人？

清初古文家为侯方域、魏禧、汪琬、姜宸英。

三八〇 ◎ 何谓 "桐城派"？

康熙进士方望溪（苞）论学宗宋儒，文学韩、欧，严于义法，非阐道、翼教者不苟作。其门人桐城刘才甫（大櫆）继之。刘亦苦学庄子，尤力追昌黎者。及姚姬传（鼐）出，既追承望溪、海峰，兼师闽人朱梅崖，号为大家。论者谓灵皋（方苞）之文质，恒以理胜；才甫之文富于才，学或不及；鼐则理与文兼至。三人皆籍隶桐城，故世号"桐城派"云。

三八一 ◎ 何谓 "阳湖派"？

阳湖恽子居（敬）起于才甫之后，为人负气，矜尚名节，所至以振兴文学为务。自言学非汉宋，不主故常。治古文得力于韩非、李斯，与苏明允相上下，近法家言。张惠言（皋文）宗之。汪容甫（中）、李申耆（兆洛）继起，所为古文，上法汉魏，遂与桐城异流，号为"阳湖派"。

三八二 。 何谓不立宗派古文家？

张之洞《书目答问》,以侯方域、魏禧,以至于曾国藩、魏源等二十余人,为不立宗派者。

三八三 。*曾国藩之文章与何派相近？

曾文正公文章,与桐城派相近,而规模特为宏大,胡适称为湘乡派。

三八四 。 《古文辞类纂》 为何人所选？

《古文辞类纂》一书,凡七十五卷,为桐城姚鼐所辑,所以明文章之义法者也。各文选择,极为谨严,推崇此书者颇多。

三八五 。*《经史百家杂钞》 为何人所辑？

《经史百家杂钞》二十二卷,为曾国藩所辑。分论著、词赋、序跋、诏令、奏议、书牍、哀祭、传志、叙记、典志、杂记十一类。

三八六 ◎ 《续古文辞类纂》共有几种？作者何人？

《古文辞类纂》，王先谦、黎庶昌皆有续纂。王氏以姚氏为准绳，排演义法渊源，自清乾隆至咸丰，桐城、阳湖，名作粗备，凡三十四卷，为文四百五十六篇。黎氏本曾文正《经史百家杂钞》之义，始于经子，终于史集；博览慎取，历时甚久；书成凡二十八卷，为文四百十九篇。

三八七 ◎ 清初诗人以何人为最有名？

清初诗人，当以钱谦益（牧斋）、吴伟业（梅村）为最。两氏皆明之遗臣，而尝仕清。其诗作在启祯之际，实可独为大家，即清诗人中，亦未能或之先也。

三八八 ◦ *清代诗论有何派别，其旨如何？

清代诗论派别如下表：

诗论	提 倡 者	著作
神韵说	王士祯（字贻上，号阮亭，又号渔洋山人）	《渔洋诗话》
格调说	沈德潜（字确士，号归愚）	《石洲诗话》
性灵说	袁枚（字子才，号简斋，又号随园老人）	《随园诗话》
肌理说	翁方纲（字正三，号覃溪）	《说诗晬语》

诸家之说，各造其诣，亦不免各有所短。综观"神韵""格调""性灵""肌理"诸说，皆指认一斑为全豹者。得在析之愈精，持之有故；失在执一绳万，扪烛扣盘。

三八九 ◦ 王渔洋之神韵说如何？

清之康熙一代，文学最盛。王士祯之诗，卓然自成一家，尤为后世所宗。王氏以山东诗人，名望地位，倾动天下，为诗坛盟主历数十年。于诗持论，极崇宋之严沧浪，曰诗画一指，曰诗禅一致，曰舍筏登岸，禅家以为悟环，诗家以为化境；苟刻舟求剑，缘木求鱼，是亡天机神化之妙者也。特为学人拈出"神韵"二字；并选《古诗选》《唐贤三昧集》，以示学者准的。《三昧集》不取李杜一首，而录王维独多，盖亦尊重"神韵"之意尔。

三九〇 ◎ 何谓江左三大家？

袁枚（子才）、赵翼（云松）、蒋士铨（心余），诗名同噪于时（乾隆中叶），称为"江左三大家"。

子才勇于创造，而作品纤巧；赵则不主故常，自抒心性，所谓哲学诗人是也；蒋诗多咏忠孝事，情极悽楚。洪亮吉尝论之曰："袁如通天神狐，醉便露尾；蒋如剑侠入道，尚余杀机；赵如东方正谏，时带谐谑。"（《北江诗话》卷一）

三九一 ◎ 黄景仁有何著作？

黄景仁为清代薄命诗人，一生穷愁潦倒，著有《两当轩诗集》。评者谓为"秋虫咽露，舞风病鹤"。（《北江诗话》卷一）

三九二 ◦ 郑珍为何时何地人？有何著作？

郑珍（子尹）为清代咸同年间之诗人，籍隶贵州遵义，且为一经学家，著有《仪礼私笺》《轮舆私笺》《巢经巢集经说》《诗钞》等书。

三九三 ◦ 金和之诗如何？

上元金和（亚匏）为清太平天国时代之诗人，著有《秋蟪吟馆诗钞》七卷。氏长于纪事诗，其《痛定篇》诸作，用日记体写述，不仅动人，且有历史之价值。记破城及城中事，均刻画入微。

三九四 ◦ 黄遵宪之诗如何？

黄遵宪，清嘉应州（今梅州市）人。任外交官近三十年，其经历事业，为前此所未有。著《人境庐诗草》十一卷。为诗主采俗语，不用典故。其《杂感》中，"我手写我口，古岂能拘牵？即今流俗语，我若登简篇，五千年后人，惊为古斑斓"数语，论者推为诗界革命之宣言。

三九五 ◦ 清人所选诗以何书为最佳？

王渔洋之《古诗选》，沈归愚之《古诗源》，姚姬传之《今体诗钞》，曾文正之《十八家诗钞》，皆选本之佳者。

三九六 ◦ 曾国藩所辑《十八家诗钞》，作者皆为何人？

（一）三国曹植；（二）三国阮籍；（三）晋陶渊明；（四）南朝宋谢灵运；（五）南朝宋鲍照；（六）南朝齐谢朓；（七）唐王维；（八）唐孟浩然；（九）唐李白；（十）唐杜甫；（十一）唐韩愈；（十二）唐白居易；（十三）唐李商隐；（十四）唐杜牧；（十五）宋苏轼；（十六）宋黄庭坚；（十七）宋陆游；（十八）金元好问。

三九七 ◦ 朱彝尊之词为何派？

朱彝尊词宗南宋，酷好模拟张炎，为清词浙派之领袖，著有《江湖载酒集》《静志居琴趣》等。

三九八 ◦ 《饮水词》为何人所作？

《饮水词》，为清纳兰性德所作，情致旖旎，深得南唐二主之味，凄婉悲凉，令人不忍卒读。

三九九 ◦ 清代传奇作家，最负盛名者皆为何人？

（一）李渔　著十种（《怜香伴》《风筝误》等）；
（二）孔尚任　著《桃花扇》；
（三）洪昇　著《长生殿》；
（四）蒋士铨　著《藏园九种曲》（《空谷香》《四弦秋》等）。

四〇〇 ◎ 何谓 "昆曲"？

《诗三百》后变为诗，诗变而为词，词变而为曲。诗盛于唐，词盛于宋，曲盛于元之北，北曲不谐于南，而有南曲，南曲则大备于明，明时虽有南曲，只用弦索官腔；至嘉隆间，昆山有魏良辅者，乃渐改旧习，始备众乐器，而剧场大成，至今尊之。所谓南曲，即"昆曲"也。（见清李调元《雨村曲话》）

四〇一 ◎ 何谓 "二黄"？

"二黄"为中国剧场最通行乐曲之一。词句以七字格、十字格为骨干，而以抽衬、复叠变化之，以谋音节之便利。创于湖北之黄冈、黄陂二县，故称"二黄"。

四〇二 ◎ 清代著名之章回小说家为谁？

清代著名章回小说家如下：

小说家	著作	小说家	著作
吴敬梓	《儒林外史》	刘鹗	《老残游记》
曹雪芹	《红楼梦》	李宝嘉	《官场现形记》
李汝珍	《镜花缘》	吴沃尧	《二十年目睹之怪现状》
文康	《儿女英雄传》		

四〇三 ◦ 清代之短篇小说著名者皆为何书？

清代之短篇小说著名者如下：

小说	作者	小说	作者
《聊斋志异》	蒲松龄	《夜雨秋灯录》	宣鼎
《新齐谐》	袁枚	《右台仙馆笔记》	俞樾
《阅微草堂笔记》	纪昀		

四〇四 ◦ 金圣叹为何如人？

金圣叹，明末长洲人。本姓张名采，字若采。后易姓金名喟，一名人瑞，圣叹其字也。为人倜傥有奇气，学极渊博。少补博士弟子员,后以岁试之文,怪诞不经,黜革。来年科试,顶金人瑞名,就童子试,乃作委靡庸腐趋时之调,而文宗即拔第一,补庠生。衡文评书,为所深喜。尝评点《水浒传》《西厢记》《三国志演义》等书,于文学独具卓识,领异标新,迥出意表。清初以抗粮哭庙案被诛。

中华文化之复兴

（一百年来）

癸编

四〇五 ◎ * 吾国学术历代之所崇尚

夏尚忠，殷尚质，周尚文，秦尚法，汉重经术，魏重申商，晋崇老庄，隋唐以三教合流，宋明理学大昌，清之朴学考据，此吾国学术之大势也。

四〇六 ◎ * 试述历代经说之变迁如何

时代	旨　　趣
两汉	恪守师承，不敢立异，笃实谨严；但流于泥古不化
晋至宋初	稍与汉儒立异，自抒所见，不拘旧说；但杂而不纯
宋	独研义理，摆脱汉唐束缚，辨别曲直，斟酌至当。但攻驳经文，动辄删改

续　表

时代	旨　趣
元明	排除异说，欲定一尊。但主观过甚，讳误饰非
清初	不尚臆断，必引古义，详证明辨。言必有物，语必有征。但诂解刻板，繁文寡要
清	研求极细，且善分析，阐发古义，时有卓见。但近于凿空，涉于武断

往日文学已结硕大之果，既"后世莫能继焉者"，则必推陈出新，是以新文化运动兴焉。

四〇七 ◎ * 何谓一代有一代之文学？

杜工部诗云："后贤兼旧制，历代各清规。"（《偶题》）以为质文代变亦文学史发展之自然规律。清焦循则以"楚骚、汉赋、唐诗、宋词、元曲"并举（见《易余龠录》）。至王国维乃谓："一代有一代之文学。楚之骚、汉之赋、六代之骈语、唐之诗、宋之词、元之曲，皆所谓一代之文学，而后世莫能继焉者也。"（《宋元戏曲考序》）我国历朝最盛之文学略如下表：

时代	最盛之文学
周、春秋	诗（《诗经》）
战国	辞（《楚辞》）
西汉	赋、乐府
东汉	赋、五言诗
魏晋南北朝	诗、赋、志怪小说
隋唐五代	诗、古文、传奇小说
宋	词、话本小说、戏文
元	散曲、杂剧、平话小说、诸宫调
明	小品散文、散曲、传奇、通俗小说
清	诗、古文、戏剧、小说、弹词

间尝论之，以为我国自汉武罢黜百家、独尊孔氏以渐，直至清季海禁未开以前，其间汉族君权最盛，天下升平之朝代，如汉唐宋明，多为儒家思想所牢笼，文学之演进，多循纵向系统，缘根干而生枝叶。于横向方面虽亦有各种不同之主张，尚可以严守门户，自求发展，尤以古今有一贯之脉络，源流秩然，彼此相出入者，不过细微之节目，或一时习尚见仁见智之不同，叩其终极，往往异趋而同归，所谓大同小异者是已。

四〇八 ◎ * 秦汉以来之能书者几何？

秦汉以来，以字成名者甚多，王子敬之拖沓，羊欣之羞涩，徐淮南之寒乞。其工善者，自李斯、程邈、蔡邕诸人外，如张芝、邯郸淳、卫瓘、卫恒、卫夫人、索靖、怀素、萧子云、张旭、郑虔、李阳冰等，皆有书名。而唯魏之锺繇，晋之王羲之、献之，唐之虞世南、褚遂良、欧阳询、李邕、颜真卿、柳公权，最为世所赏。至宋有苏轼、黄庭坚、米芾、蔡襄，元有赵孟頫，明有董其昌，清有刘墉、翁方纲、邓石如、包世臣，杰者辈出。要之宋元而后，不及唐代，唐代不及魏晋，而魏晋之间，尤以右军为独绝云。

四〇九 ◦ * 历代名画家几何？

自汉以来，以画名家者甚夥。其尤著者，汉有刘褒，晋有顾恺之，梁有张僧繇，唐有吴道子、王维、李思训、徐熙、周昉，五代有荆浩、关仝，宋有米芾、李公麟，元有赵孟頫、倪瓒，明有唐寅、文徵明、仇英、沈周，清有八大山人、王翚、金农、恽格、华岩、改琦、蒋廷锡诸子。

四一〇 ◎ ＊ 试述中国学术与外国之影响

李陵《答苏武书》，用"单于"二字，为译外族音之始。"失我焉支山，令我妇女无颜色"，"失我祁连山，使我六畜不蕃息"，为翻译外族歌谣之始。后汉明帝初译佛经，名《四十二章经》，为翻译外族书籍之始。刘渊师事崔游，习《诗》《书》《易》《春秋》，是外族人研究汉文之始。佛经之传译，形成四声音韵之学，是中国文字受外族影响之始。南北朝时中国之《论语》《千字文》流入日本，是为中国学术传及外族之始。南宋绍兴中，法云著《翻译名义集》七卷，是为今日外国字典之祖。马可·波罗仕于元廷，后著《游记》，是为欧洲人著书记中国之始。明时利玛窦译天文算学书籍多种，是为中国文译欧洲书籍之始。

四一一 ◎ ＊ 何谓白话文运动？

白话文运动，又称新文化运动。自清末海禁大开，国人已知西洋文明之不可忽视，民国初年，北京大学教授创刊《新青年》杂志，胡适之、陈独秀等树文学革命之大纛。白话文运动，自文艺语言上终结文言时代、开启白话新时代，亦即白话文学新纪元。"五四"运动以后，新文学运动已风靡全国，海内响然并臻。盖一由于千余年白话文学之演进已达成熟时期，再则由于感受西洋语体文学之影响，故能一唱众和，迅告成功也。

四一二 ◦ * 白话文运动之历史缘由

在中国文学史上显见较大之变化，辄必与异族文化之相融合有关。姬周之世，各种民族文化初期汇流，孕育以成春秋战国时代之奇葩。浮屠之说传入中国后，对于文学亦曾产生极大之影响，如思想之改变，梵语之引用，声韵之发明等，均因以变易文学之形质。余若五胡乱华，浸渐以成民间文学之繁兴，蒙古入主，酝酿而有歌曲杂剧之创作，皆其例也。清崇汉之学以制汉，寓限制于奖劝之中，文人拘牵于时，因循于事，乃未能自辟途辙，多依草而附木也。旧有文学已如尾闾之泄，波澜不兴，返照之光，雯霞欲敛。海禁既开，欧西文化灌注于我国，国人惩于国势之贫弱，科学之落伍，因以低估本国文化之价值，遽革严辨夏夷妄自尊大之风,转为菲薄己身俯仰随人之习。新文学运动已能应时势之需要,改革文学之体制,借以抒我之情思,已可进退自如,蔚为一代之奇采矣,乃进而有主张全盘欧化者,将并文学之形质,一概舍己而傍人。此实骛奇以过正,盖变革之世所不能免耳。

四一三 ◎＊简述鲁迅对旧文化之态度

百余年来,文坛光怪陆离。文禁松弛,则遍地侠士,一俟钳制,则噤若寒蝉。故余于近代文人,独服膺鲁迅先生。不虚与、不委蛇,嫉恶如仇,刚肠用显,仁心、侠义,俱在其中。面对文人无行,绝不敷衍,只有尖刻;面对强权威吓,横眉冷对,笔作投枪。于传统文化之末流,鲁迅之论,有鞭辟入里者:"我看不见读经之徒的良心怎样,但我觉得他们大抵是聪明人,而这聪明,就是从读经和古文得来的。我们这曾经文明过而后来逢迎过蒙古人、"满洲人"大驾的国度里,古书实在太多,倘不是笨牛,读一点就可以知道,怎样敷衍、偷生、献媚、弄权、自私,然后能够假借大义,窃取美名。"(《十四年的"读经"》)

四一四 ◎＊试述国学之现代梳理

夫生今之时,仍墨守古今文化相沿之成规,不旁察中外文化交融之反应,则止可以因袭与守阙,必不能为谋承先与启后,所谓闭户不可造车也。然若必艳羡外族文明既成之果,蔑视本国文化已种之因,则只宜于介绍与摹仿,亦不足语于融会与贯通,所谓抽刀不能断水也。今日"死的文化"已成尸居余气,乃仍有人试以旧瓶盛新酒,迷恋骸骨,冀幸其复生。不知过去文化已开灿烂之花,结硕大之果,今既时迁世异,国学之形式与内容均有革新之要求,谁经见春风暂起,落叶重返故柯耶?虽然,新的创造自又非整个袭取异域文化之形质所能济也。盖一种民族自有其文化本质上独特之性格,一种语文亦自有其形式上个别之运用。与异族文化综合之后,信可以影响本国之学术,促其革进;然必不可夺胎换骨,强不同以为同也。

四一五 ◎ * 优秀传统文化之阐释

中央倡为"优秀传统文化"者,"优秀传统文化",虽只六字,谈何容易!

一曰优秀。优秀者,能拨乱反正,振拔此世文化之衰者也。今日文化之衰,如习总书记所斥之"廉价的笑声,无底线的娱乐,没节操的垃圾"者。优秀云者,其要有三:

1) 确系传统文化之精华者。吾国文化,历史悠久,科目繁多,不免彼粿互杂,泥沙俱下,精华与糟粕共存。必能剖判精粗,去芜存精,始可与言优秀也。

2) 今人仍可探知其优秀价值者。浑金璞玉,要善于裁识耳。识曲听真,潜心琢磨,不可矮人观场,随人道短长,方可探知其优秀价值也。

3) 今日仍能产生正确之功用者。人类之发展,历史之演进,向之以为新奇者,旋而化为陈腐。能历久弥新,与时俱进者,方能古为今用。

三者缺一不可。优秀之后,再建传统,使古代传统能与今日社会一以贯之。

再曰传统。传统者,具使命感、责任感,承先继后者也。传统者,传承统绪也。既非恢复古制,更非因循守旧。传统之意义,在承先继后,继往开来;不昧古,不枉今。继承传统,弘扬文化,应以历史创造未来为使命,不以挖掘创造历史为能事。传统者,自历史而来之记忆也。人于父祖,亲其面貌,忆其音容,此传统之发端也。故曰慎终追远,民德归厚矣。民族传统,存于服饰、文艺、语言、习惯中,今我民族,此四者皆乏史承,多习外夷,民族传统,亟待恢复。

三曰文化。文化者,顾名思义,于社会能收文明开化之功效者也。文化既久经磨难,传统更屡遭摈弃,优秀文化与今日之社会已成相形渐远之势,力挽狂澜,再造辉煌,实亦难矣。故曰谈何容易也。

四一六 ◎ * 试述古代文化于今何以为用?

中央倡为文化自信,自是深谋远虑,切中时弊。不以历史之辉煌为今日之骄傲,应以历史之存在为今日成就之基础与铺垫;不以与世界接轨为吾人之能事,而以世界之方法与规模为我中华文明之说明与参证。果能如是,则倡行文化自信,可谓虽不中、亦不远矣。

近世以来，有月圆于外国之说，是亦未识吾国先民，其咏月有云：

月出皎兮，佼人僚兮。舒窈纠兮，劳心悄兮。
——《诗经·陈风·月出》
三辰垂光，照临四海。焕哉何煌煌，悠悠与天地长久。
——魏文帝《月轮重行》
春江潮水连海平，海上明月共潮生。
——唐·张若虚《春江花月夜》
海上生明月，天涯共此时。
——唐·张九龄《望月怀远》
明月出天山，苍茫云海间。
——唐·李白《关山月》
今人不见古时月，今月曾经照古人。
——唐·李白《把酒问月》
露从今夜白，月是故乡明。
——唐·杜甫《月夜忆舍弟》
星垂平野阔，月涌大江流。
——唐·杜甫《旅夜书怀》

洞庭秋月生湖心,层波万顷如熔金。

——唐·刘禹锡《洞庭秋月行》

萧瑟西风万里秋,暮云收尽月华流。

——宋·倪偶《鹧鸪天》

明月几时有,把酒问青天。不知天上宫阙,今夕是何年。

——宋·苏轼《水调歌头》

疏影横斜水清浅,暗香浮动月黄昏。

——宋·林逋《山园小梅》

人散后,一钩新月天如水。

——宋·谢无逸《千秋岁》

……

如此之例,于吾国文学中,俯拾即是,故曰月是中国最美,岂妄言哉!

四一七 ○ * 试例述汉语为世界最美之语言

美国作曲家 J·P·奥德威(1824—1880)氏,于1851年作歌曲《梦见家与母亲》(Dreaming of Home and

Mother),其词曰:

Dreaming of home, dear old home! Home of my childhood and mother;

Oft when I wake' tis sweet to find, I've been dreaming of home and mother;

Home, dear home, childhood happy home, When I played with sister and with brother,

It was the sweetest joy when we did roam, Over hill and thro' dale with mother

Dreaming of home, dear old home, Home of my childhood and mother;

Oft when I wake' tis sweet to find, I've been dreaming of home and mother.

Sleep balmy sleep, close mine eyes, Keep me still thinking of mother;

Hark! 'tis her voice I seem to hear. Yes, I'm dreaming of home and mother.

Angels come, soothing me to rest, I can feel their presence and none other;

For they sweetly say I shall be blest; With bright

visions of home and mother;

Childhood has come, come again, Sleeping I see my dear mother;

See her loved form beside me kneel, While I'm dreaming of home and mother.

Mother dear, whisper to me now, Tell me of my sister and my brother;

Now I feel thy hand upon my brow, Yes, I'm dreaming of home and mother.

中文意为：

梦见家里，亲爱的老家！有我的童年和母亲的家；

经常当我醒来的时候是甜蜜的寻找，我一直梦见家和母亲；

家，亲爱的家，童年时的幸福之家，当我和兄弟姐妹一起玩耍，

这是最甜蜜的欢乐时光，当我们和母亲漫步在山谷之间；

梦见家里，亲爱的老家，有我的童年和母亲

的家;

经常当我醒来的时候是甜蜜的寻找,我一直梦见家和母亲。

温暖的睡眠,闭上我的眼睛,让我继续想着妈妈;

听!这是她的声音,我似乎听到。是的,我梦见家和母亲。

天使来了,抚慰着让我休息,使我只能感觉到他们的存在;

他们说我会幸福甜蜜;当家和母亲变得清晰;

童年来了,又来了,我看见我亲爱的母亲;

看到她的爱在跪下的我的身后,而我梦见家和母亲。

亲爱的母亲,现在对我耳语,告诉我、我的兄弟姐妹;

现在我感觉你的手在我的额头上,是的,我梦见家和母亲。

情真意切,近乎白描。此歌传入日本,日本音乐家犬童球溪(1879—1943)于1907年因其曲而作《旅愁》:

更け行く秋の夜（よ）旅の空の

侘びしき思いに一人悩む

恋しや故郷（ふるさと）懐かし父母（ちちはは）

夢路に辿るは故郷（さと）の家路

更け行く秋の夜旅の空の

侘びしき思いに一人悩む

窓うつ嵐に　夢も破れ

遥（はる）けき彼方に心迷う

恋しや故郷懐かし父母

思いに浮かぶは杜（もり）の梢（こずえ）

窓うつ嵐に　夢も破れ

遥けき彼方にこころ迷う

中文意为：

秋夜渐深，旅途星空

　　独自烦恼着落寞的思绪

　　　　不舍的家乡亲切的双亲

　　　　　　梦中的归路是回家的路

渐深秋夜，旅途星空

独自烦恼着落寞的思绪
　　　　风雨透窗　破梦难圆
　　　　　迷茫的心在遥远的彼方
　不舍的家乡亲切的双亲
　　　浮上心头的是林子的树梢
　　　　风雨透窗　破梦难圆
　　　　　迷茫的心在遥远的彼方

1880年，奥德威逝世，日人犬童球溪前此一年生，而吾国弘一大师恰生于本年。李叔同（1880—1942）于1905至1911年留学日本，得闻犬童氏《旅愁》，深为所动。1915年，李叔同为此曲填汉语词，题曰《送别》：

　长亭外，古道边，芳草碧连天。
　　晚风拂柳笛声残，夕阳山外山。
　　天之涯，地之角，知交半零落。
　　　一瓢浊酒尽余欢，今宵别梦寒。
　长亭外，古道边，芳草碧连天。
　　问君此去几时还，来时莫徘徊。

>天之涯,地之角,知交半零落。
>
>人生难得是欢聚,唯有别离多。

弘一大师深谙古学,兼具诗人气质、仁者之仁。其所填歌词,语言凝练而格局高远;静穆中含深情,深邃里有平淡,落寞而不失襟怀之旷远,忧思而愈见性情之淳厚,融会浓缩古代诗词一切景语、情语,而无斧凿痕,全似信手拈来,写尽眼前无限景,道尽心中无限情。其高也如垂天之云,其深也如行地之泉。其声辞意象之美,为他种语言所不能到也。中华文化自信,岂偶然哉!

四一八 ◎ * 如何继承传统、继往开来?

自古学问,能师其心而不泥其迹者,亦难矣。破旧立新者,破而有余,立而无能,是其一病。而开历史倒车者,无视历史车轮滚滚向前,昏耗庸聩,迷恋骸骨,更加危险。去芜存精者,论甘而忌辛,好丹而非素,良窳不辨,泥沙俱陈。五千年文化之层累,其糟粕远多于精华,盘木朽株,积重难返,若全盘接受,已被历史证明，误国误民。故吾人于古代文化遗产，应以科学态度、理性鉴别，洞察固有文化演进之迹，旁测中外文化交融之果，以优秀文化为沃土，植根传统，创造未来。

四一九 ○ * 试述中华文化之自信

吾国文化，历史悠久，绵延不断，名家辈出，硕果累累。如此文化，为世界所仅有，则文化之自信者，理所当然耳。

虽然，没有个人之自信，便无社会之自信，更没有文化之自信。优秀文化、先进文化、道德文化，方能产生文化自信。落后文化、愚昧文化、无耻文化，只能造就文化自卑，无法造成自信！

标举"自信"者，恐其不自信也；匮乏自信者，实由于自卑也。欲以建立文化自信者，实欲建立吾人之文化自尊也。欲有文化自尊，必先有文化自信；欲有文化自信，必先摒除文化自疑；欲摒除文化自疑，必先绝弃文化自卑。心存自卑，念在自疑，何来自信！更无缘自尊矣。

四二〇 ◎＊试述历史之盛世与今日之复兴

中央提出中华民族伟大复兴,曰复兴者,必有前此之已兴为参照。而历史之已兴,必不为宋、元、明、清,只许西周、汉、唐。

周公到孔子,孔子到孟子,因有五百年出一圣人之说。而统观中华文明史,可称为礼乐盛世者有三,一曰:西周成康盛世;二曰西汉汉武盛世;三曰唐代开元盛世。明代虽立国久、版图大、经济发达,而政治昏庸、民风浇漓,与盛世殆有一间。清代统治,唯恐不密,对外闭关锁国,对内兴文字狱,尽刮民脂,民不聊生,故学者直指"康乾盛世",实"斫丧我民族永久之元气,而以换造彼目前之荣华而已"(钱穆《国史大纲》),其所针砭,可谓诛心之论。故曰我夏华文明,堪称礼乐盛世者,唯在西周、汉、唐而已。

成康之治,约在纪元前一千年,汉武盛世,在纪元前一百年,前后相距九百年;开元盛世,在公元后七百年,上距汉武盛世八百年;而今距开元盛世又一千三百年,天道轮回,一千年一辉煌,民族伟大复兴,其有待乎。

跋

予方弱冠，名心正炽，轻言著述，叩诸先父，嘱可撰《国学答问》，并为拟目若干：何谓五经？何谓十三经？何谓廿四史？何谓平水韵？……云云。时上海书店影印民国《文学百题》出版，读之颇觉意兴索然，乃改弦更张，作《诗字典》，以今音序列《佩文韵府》诸字头，胪列古今韵书注音，并注平水韵韵部，以备今人作近体诗检核之需。后以新版《辞源》出，已添列诸义项，拙稿遂束之高阁。此近卅年前事也。近得三十年代初，先父执教北平弘达学院所编讲义若干，其《国学常识问答讲义》一种，赫然在列。检读之余，益知先父之深意，以予功底欠缺，常识匮乏，欲假撰《答问》为己身入门之阶;又知予心浮气躁,好高骛远,既未潜心向学,更无深思独得,妄言著述,率然语于作者之列,其学荒业废者可立而待。先父不以为迕者,恐挫伤学文之兴趣也;先父恒言:"为学必盈科而后进。"《左传·襄公二十四年》:"太上有立德,其次有立功,其次有立言,虽久不废,此之谓不朽。"欲立其言,必先立其说;欲立其说,必先立其身;欲立其身,必先立其命;欲立其命,必先立其心;欲立其心,必先立其学。为父者,所以教子也,常在读书立学之外耳。

含 章
戊戌暮春识于长安如是楼

鸣谢

陈存根书记为本书赐序,陈书记以农学名家,而雅好国学,识见高卓,尤以针砭痼弊,鞭辟入里,为余所不能不服膺者。披览序文,其胸罗万象,辞采华赡,俱见卓思粲然;其奖擢溢美,推举过情,实则愧无敢当。罗杨先生秉持家学,以书法家而兼文化学者,为赐题签,令本书增色不少。全书脱稿后,曾呈请"中华文脉"筹备委员会部分成员:刘延申教授、马小鸣先生、邓里先生、王军先生、刘然副总编辑、孙洪涛先生、王利明社长、刘为礼主任、张际春先生、陈文玲总经济师、李炳武会长、王亚杰书记、李浩教授、王春泉教授、赵杭主任、宋明水先生、曹茂开先生、刘霆先生、卢丽芬女士、郭玲宏女士、李倩女士等,皆通人方家,对全稿校阅是正,祛我孤陋,提教良多。生活·读书·新知三联书店王秦伟先生、责任编辑成华女士为本书出版勤心尽力,拾遗匡正,所在多有。以上高情雅谊,私衷曷罄,吉辉遥企,愉颂无量。全书校对仍由张淼、傅侃任其劳,特为之记。

戊戌年秒校讫又记于长安如是楼